AF596599

LE TRIOMPHE HERMETIQUE,

OU

La Pierre Philoſophale VICTORIEUSE.

TRAITTE'

Plus complet & plus intelligible, qu'il y en ait eû juſques ici, touchant

LE MAGISTERE HERMETIQUE.

A AMSTERDAM,

Chez HENRY WETSTEIN. 1699.

AVERTISSEMENT.

ON est assés persuadé qu'il n'y a déja que trop de livres qui traittent de la Philosophie Hermetique ; & qu'à moins de vouloir escrire de cette science clairement, sans equivoque, & sans allegorie (ce qu'aucun Sage ne fera jamais) il vaudroit beaucoup mieux demeurer dans le silence, que de remplir le monde de nouveaux ouvrages, plus propres à embarasser davantage l'esprit de ceux, qui s'appliquent à penetrer les misteres Philosophiques ; qu'à les redresser dans la veritable voye, qui conduit au terme desiré, où ils aspirent. C'est pour cette raison qu'on a jugé que l'interpretation d'un bon Auteur, qui traitte solidement de cette sublime Philosophie, seroit beaucoup plus utile aux enfans de la science, que quelque nou-

velle production parabolique, ornée des plus ingenieuses expressions, que les Adeptes sçavent imaginer, lorsqu'ils traitent de ce grand art, ou plustost lors qu'ils écrivent pour faire seulement connoître à ceux qui possedent comme eux, ou qui cherchent le Magistere, qu'ils ont eû le bonheur d'arriver à sa possession. En effet la plûpart des Philosophes qui en ont escrit, l'ont plûtost fait pour parler de l'heureux succez, dont Dieu a beni leur travail; que pour instruire autant qu'il seroit necessaire, ceux qui s'adonnent à l'estude de cette sacrée science. Cela est si veritable, que la plûpart ne font pas même difficulté d'avoüer de bonne foy, que ç'a esté là leur principale veuë, lorsqu'ils en ont fait des livres.

Le petit traitté qui a pour titre l'ancienne guerre des Chevaliers, a merité sans contredit l'approbation de tous les sages, & de ceux aussi, qui ont quelque connoissance de la Philosophie Hermetique. Il est écrit en forme d'entretien, d'une maniere simple, & naturelle, qui porte par tout le caractere de la verité: mais avec cette simplicité, il ne laisse pas d'estre profond, & solide dans le raisonnement, & convainquant dans les preuves; de sorte qu'il n'y a pas un mot qui ne porte sentence, & sur lequel il n'y eust de quoy faire un long commentaire. Cet ouvrage a esté composé en Alleman par un vray Philosophe, dont le nom est inconnu. Il parut imprimé à Leypsic, en 1604. Fabri de Montpellier le traduisit en Latin: c'est sur ce latin, que fut faite la traduction Françoise imprimée à Paris chez d'Houry, & mise à la fin de la Tourbe Françoise, de la parole delaissée, & de Drebellius, qui composent ensemble un volume. Mais soit que Fabri ait mal entendu l'Alleman, ou qu'il ait à dessein falsifié l'original; il se trouve dans ces deux traductions des passages corrompus, dont la fausseté étant toute manifeste, a fait mépriser ce petit ouvrage par plusieurs personnes; bien que d'ailleurs il paruſt eſtre d'un tres grand merite.

Comme la verité, & la fauſſeté ne ſont pas compatibles dans un même ſujet, & qu'il eſtoit aiſé de juger que ces traductions n'eſtoient pas fideles ; il s'eſt trouvé un Philoſophe d'un ſçavoir & d'un merite extraordinaire, qui pour ſatisfaire ſa curioſité ſur ce ſujet, s'eſt donné la peine de faire une recherche de plus de dix années, pour trouver l'original Alleman de ce petit traitté, & l'ayant enfin recouvré, l'a fait exactement traduire en Latin : c'eſt ſur cette Copie, que cette nouvelle traduction a eſté faite, avec toute la fidelité poſſible. On y reconnoiſtra la bonté de l'original, par la verité qui paroiſt evidemment dans la reſtitution de pluſieurs endroits, qui avoient eſté non ſeulement alterez, mais encore entierement changez. On en jugera par le paſſage marqué 34. ou la premiere traduction dit comme le Latin de Fabri. Mercurium noſtrum nemo assequi potest; nisi ex mollibus octo corporibus, neque ullum absque altero parari potest. *Il n'en falloit pas davantage, pour faire mépriser cet escrit par ceux qui ont aßez de connoissance des principes de l'œuvre, pour en pouvoir distinguer le vray d'avec le faux: les sçavans toutesfois jugeoient aisément, qu'une faute aussi fondamentale que celle-là, ne pouvoit venir d'un vray Philosophe, qui fait bien comprendre d'ailleurs, qu'il a parfaitement connu le magistere: mais il falloit trouver un sçavant Zelé pour la decouverte de la verité, & en estat, comme estoit celuy-cy, de faire une aussi grande recherche, pour trouver l'original de cet Ouvrage; sans quoy il estoit impossible d'en retablir le vray sens.*

L'endroit, qu'on vient de remarquer, n'est pas le seul, qui avoit besoin d'estre redressé. Si on prend la peine de confronter cette nouvelle traduction avec la precedente, on y trouvera une fort gran-

de difference, & plusieurs corrections essentieles. Le passage 35. n'en est pas une des moindres; & comme cette traduction a esté faite sur la nouvelle copie Latine, sans avoir voulu jetter les yeux sur celle qui avoit déja esté imprimée en François; on a eu le plaisir de remarquer ensuite, tout ce qui ne s'est pas trouvé conforme à la premiere. Les parolles & les frazes entieres, qui ont esté adjoutées en quelques endroits de celle-cy, pour faire une liaison plus naturelle, ou un sens plus parfait, sont renfermées entre deux Crochets ( ), afin qu'on distingue ce qui est, d'avec ce qui n'est pas du texte, auquel l'autheur de cette traduction s'est tenu scrupuleusement attaché: parce que la moindre addition, sur une matiere de cette nature peut faire un changement considerable, & causer de grandes erreurs.

La beauté, & la solidité de cet escrit meritoient bien la peine qu'on y fist un commentaire, qui rendist plus intelligi-

ble aux enfans de la ſcience, un traitté qui peut leur tenir lieu de tous les autres. Et comme la methode des entretiens eſt la plus propre pour éclaircir, & pour rendre palpables les verités les plus relevées; on s'en eſt ſervi icy, avec d'autant plus de raiſon, que l'autheur ſur lequel eſt fait le commentaire, a eſcrit de cette meſme maniere. On trouvera dans l'entretien d'Eudoxe, & de Pyrophile, qui explique celuy de la pierre avec l'or & le mercure, les principales difficultez éclaircies par les queſtions, & les répõſes qui y ſont faites ſur les points les plus eſſentiels de la Philoſophie Hermetique.

Les chiffres qui ſont à la marge de ces deux entretiens, marquent le rapport des endroits du premier avec ceux du dernier où ils ſont expliquez. On remarquera dans cet ouvrage une entiere conformité de ſentimens avec les premiers maiſtres de cette Philoſophie, auſſi bien qu'avec les plus ſçavans, qui ont eſcrit dans les derniers ſiecles; de ſorte qu'il ne se trouvera guere de traité sur cette matiere, quelque grand qu'en soit le nombre, qui soit plus clair, & plus sincere, & qui puisse par consequent être plus utile que celuy-cy, à ceux qui s'appliquent à l'estude de cette science, & qui ont d'ailleurs toutes les bonnes qualitez de l'esprit & du Cœur, que nostre Philosophie requiert en ceux, qui veulent y faire du progrez.

Le commentaire paroistra sans doute d'autant meilleur, qu'il n'est point diffus, comme sont presque tous les commentaires qu'il ne touche que les endroits, qui peuvent avoir besoin de quelque explication; & qu'il ne s'écarte en aucune maniere du sujet; mais comme ces sortes d'ouvrages ne sont pas pour ceux qui n'ont encore aucune teinture de la Philosophie secrete: les plus clair-voyants connoistront bien qu'on a beaucoup mieux aimé passer par dessus plusieurs choses, qui auroiẽt, peut-estre merité une interpretation, que d'expliquer generalement tout ce qui pouvoit encore causer quelque difficulté aux aprentifs de ce grand art.

Comme le premier de ces entretiens raconte la victoire de la Pierre, & que l'autre expose les raisons, & fait voir les fondemens de son triomphe: il semble que ce livre ne pouvoit paroistre sous un titre plus convenable que sous celuy du Triomphe Hermetique, ou de la Pierre Philosophale victorieuse. Il ne reste autre chose à dire icy, sinon que l'autheur de la traduction qui l'est aussi du commentaire, & de la lettre qui est à la fin de ce livre, n'a eu en cecy d'autre interest, ny d'autre veuë, que de manifester la verité à ceux qui aspirent à sa connoissance, par les motifs qui conviennent aux veritables enfans de la science; aussi il declare, & il proteste sincerement qu'il desire de tout son cœur, que ceux qui sont assez malheureux, pour perdre leur temps à travailler sur des matieres estrangeres, ou esloignées, se *trouvent assez éclairez par la lecture de ce Livre, pour connoistre la vraye & unique matiere des Philosophes ; & que ceux qui la connoissent déja, mais qui ignorent le grand point de la solution de la Pierre, & de la coagulation de l'Eau, & de l'esprit du Corps, qui est le terme de la Medecine universelle, puissent apprendre icy ces operations secretes ; qui y sont décrites assez distinctement pour eux.*

L'Autheur n'a pas trouvé à propos d'escrire en Latin, ne croyant pas, comme bien d'autres, que ce soit ravaler ces hauts misteres, de les traiter en langue vulgaire : il a suivi en cela l'exemple de plusieurs Philosophes qui ont voulu que leur ouvrage portast le Caractere de leur pays ; aussi son premier dessein a esté d'estre utile à tous ses compatriotes, ne doutant pas que si ce Traité paroist de quelque merite aux disciples de Hermes, il ne s'en trouve, qui le traduiront en la langue qui leur plaira.

Explication generale de cet Embléme.

ON ne doit pas s'attendre de voir icy une explication en detail, qui tire absolument le rideau de dessus cet enigme Philosophique, pour faire paroistre la verité à découvert; si cela estoit, il n'y auroit qu'à jetter au feu tous les Escrits des Philosophes: Les sages n'auroient plus d'avantage sur les ignorans; les uns & les autres seroient également habiles dans ce merveilleux art.

On se contentera donc de voir dans cette figure, comme dans un Miroir, l'abregé de toute la Philosophie secrete, qui est contenuë dans ce petit livre, où toutes les parties de cet embleme se trouvent expliquées aussi clairement, qu'il est permis de le faire.

Ceux qui sont initiés dans les misteres Philosophiques comprendront d'abord aisement le sens qui est caché sous cette figure; mais ceux qui n'ont pas ces lumieres, doivent considerer icy en general une mutuelle correspondance entre le Ciel & la terre, par le moyen du Soleil & de la Lune, qui sont comme les liens secrets de cette union Philosophique.

Ils verront dans la pratique de l'œuvre, deux ruisseaux paraboliques, qui se confondant secretement ensemble, donnent naissance à la misterieuse pierre triangulaire, qui est le fondement de l'art.

Ils verront un feu secret & naturel, dont l'esprit penetrant la pierre, la sublime en vapeurs, qui se condansent dans le vaisseau.

Ils verront quelle efficace la pierre sublimée reçoit du Soleil & de la Lune, qui en sont le pere & la mere, dont elle herite d'abord la premiere couronne de perfection.

Ils verront dans la continuation de la pratique, que l'art donne à cette divine liqueur une double courōne de perfection par la conversion des Elemens, & par l'extraction & la depuration des principes, par où elle devient ce misterieux caducée de Mercure, qui opere de si surprenantes metamorphoses.

Ils verront que ce même Mercure, comme un Phenix qui prend une nouvelle naissance dans le feu, parvient par le Magistere à la derniere perfection de soufre fixe des Philosophes, qui lui donne un pouvoir souverain sur les trois genres de la nature, dont la triple couronne, sur laquelle est posé pour cet effet le Hieroglyphique du monde, est le plus essentiel caractere.

Ils verront enfin dans son lieu, ce que signifie la portion du Zodiaque, avec les trois signes qui y sont representez; de sorte que joignant toutes ces explications ensemble, il ne sera pas impossible d'en tirer l'intelligence entiere de toute la Philosophie secrette, & de la plus grande partie de la pratique, qui est deduite assés au long dans *la lettre adressée aux vrais disciples de Hermes*, qui est à la fin de cet ouvrage.

Cette figure avec son explication doit être inserée aprés la Preface

De cavernis metallorum occultus est qui Lapis est venerabilis. HERMES

L'ANCIENNE GUERRE DES CHEVALIERS,

OU ENTRETIEN

De la PIERRE DES PHILOSOPHES avec l'OR & le MERCURE,

Touchant la veritable matiere, dont ceux qui sont savans dans les Secrets de la Nature, peuvent faire la *Pierre Philosophale*, suivant les regles d'une pratique convenable, & par le secours de *Vulcain Lunatique*.

Composé originairement en Alleman par un tres-habile Philosophe, & traduit nouvellement du Latin en François.

L'Ancienne Guerre des Chevaliers.

Ou

Entretien de la PIERRE DES PHILOSOPHES avec l'OR & le MERCURE.

LE sujet de cet entretien est une dispute que l'Or, & le Mercure eurent un jour avec la Pierre des Philosophes. Voicy de quelle maniere parle un veritable Philosophe, (qui est parvenu à la possession de ce grand secret.)

JE vous proteste devant Dieu, & sur le salut (éternel) de mon ame, avec un cœur sincere, touché de compassion pour ceux qui sont depuis longtems dans les grandes recherches; & (je vous certifie) à vous tous qui cherissés ce merveilleux art, que toute nostre œuvre prend naissance (*) d'une seule chose, & qu'en 1 cette chose l'œuvre trouve sa perfection, sans qu'elle ait besoin dequoy que ce soit autre, que d'estre (*) dissoute, & coagulée, ce qu'elle doit faire d'elle mesme, 2 sans le secours d'aucune chose étrangere.

Lors qu'on met de la glace dans un

vase placé sur le feu, on voit que la chaleur la fait resoudre en eau : (*) on doit
3 en user de la même maniere avec nostre pierre, qui n'a besoin que du secours de l'artiste, de l'operation de ses mains, &
4 de l'action du feu (*) naturel : car elle ne se resoudra jamais d'elle-même; quand elle demeureroit éternellement sur la terre : c'est pourquoy nous devons l'aider; de telle maniere toutefois, que nous ne luy adjoutions rien, qui luy soit étranger, & contraire.

Tout ainsi que Dieu produit le froment dans les champs, & que c'est en suite à nous à le mette en farine, la pétrir, & en faire du pain; de même nostre art requiert que nous fassions la mesme chose. (*) Dieu nous a créé ce mineral;
5 afin que nous le prenions tout seul, que nous décomposions son corps grossier, & épois; que nous separions, & prenions pour nous ce qu'il renferme de bon dans son interieur; que nous rejettions ce qu'il a de superflu; & que d'un venin (mortel,) nous aprenions à faire une Medecine (souveraine.)

Pour vous donner une plus parfaite intelligence de cet agreable entretien; je vous feray le recit de la dispute qui s'éleva

leva entre la Pierre des Philosophes, l'Or, & le Mercure; de sorte que ceux qui depuis long-tems s'appliquent à la recherche (de nostre art,) & qui sçavent de quelle maniere on doit traitter (*) les 6
metaux, & les mineraux, pourront en estre assés éclairés, pour arriver droit au but qu'ils se proposent: il est cependant necessaire, que nous nous appliquions à connoistre (*) exterieurement, & in- 7
terieurement l'essence, & les proprietés de toutes les choses qui sont sur la terre, & que nous penétrions dans la profondeur des operations, dont la nature est capable.

RECIT.

L'Or, & le Mercure allerent un jour à main armée, pour (combattre) & pour subjuguer la Pierre. L'Or animé de fureur commença à parler de cette sorte.

L'OR.

Comment as-tu la temerité de t'eslever au dessus de moy, & de mon frere Mercure, & de pretendre la preference sur nous: toy qui n'es qu'un (*) vers 8
(bouffi) de venin? ignores-tu que je suis le plus precieux, le plus constant, & le premier de tous les metaux? (ne sçais-tu

pas) que les Monarques, les Princes,
& les Peuples font également consister
toutes leurs richesses en moy, & en mon
frere Mercure ; & que tu es au contraire
le (dangereux) ennemi des hommes, &
des metaux; au lieu que les (plus habiles) medecins ne cessent de publier, & de
vanter les vertus (singulieres) que je pos-
9 sede (*) pour donner (& pour conser-
ver) la santé à tout le monde?

LA PIERRE.

A ces parolles (pleines d'emportement,) la pierre répondit, (sans s'émouvoir) mon cher Or, pourquoy ne te faches-tu pas plustost contre Dieu, & pourquoy ne lui demandes-tu pas, pour quelles raisons, il n'a pas créé en toy, ce qui se trouve en moy?

L'OR.

C'est Dieu même qui m'a donné l'honneur, la reputation, & le brillant esclat,
qui me rendent si estimable : c'est pour
cette raison, que je suis si recherché d'un
chacun. Une de mes plus grandes perfections est d'estre un metail inalterable
dans le feu, & hors du feu ; aussi tout le
monde m'aime, & court aprés moy:
10 mais toy tu n'es qu'une (*) fugitive, &
une trompeuse, qui abuse tous les hom-

mes : cela se voit en ce que tu t'envoles, & que tu t'échapes des mains de ceux qui travaillent avec toy.

L'A PIERRE.

Il est vray mon cher Or, c'est Dieu qui
t'a donné l'honneur, la constance, & la
beauté, qui te rendent precieux : c'est
pourquoy tu es obligé de rendre des
graces (éternelles à sa divine bonté) & ne
pas méprifer les autres, comme tu fais :
car je puis te dire que tu n'es pas cet Or,
dont les écrits des Philosophes font mention; (*) mais cet Or est caché dans mon 11
sein. Il est vray, je l'avoüe, je coule dans
le feu, (& je n'y demeure pas,) toutefois tu sçais fort bien que Dieu, & la
nature m'ont donné cette qualité, & que
cela doit être ainsi ; d'autant que ma
fluidité tourne à l'avantage de l'Artiste,
qui sçait (*) la maniere de l'extraire ; sça- 12
che cependant que mon ame demeure
constanment en moy, & qu'elle est plus
stable, & plus fixe, que tu n'es, tout
Or que tu sois, & que ne sont tous tes
freres, & tous tes compagnons. Ni l'eau,
ni le feu, quel qu'il soit, ne peuvent la
détruire, ni la consumer ; quand ils agi-
roient sur elle pendant autant de temps
que le monde durera.

Ce n'est donc pas ma faute, si je suis recherchée par des Artistes, qui ne sçavent pas comment il faut travailler avec moy, ni de quelle maniere je dois estre preparée. Ils me mélent souvent avec des matieres estrangeres, qui me sont (entierement) contraires. Ils m'adjoutent de l'eau, des poudres, & autres choses semblables, qui détruisent ma nature, & les proprietés qui me sont essentieles; aussi s'en trouve-t-il à peine un entre cent,
12. (*) qui travaille avec moy. Ils s'appliquent tous à chercher (la verité) de l'art dans toy, & dans ton frere Mercure: c'est pourquoy ils errent tous, & c'est en cela que leurs travaux sont faux. Ils en sont eux-mesmes un (bel) exemple: car c'est inutilement qu'ils emploient leur Or, & qu'ils tâchent de le détruire: il ne leur reste de tout cela, que l'extrême pauvreté, à laquelle ils se trouvent enfin reduits.

C'est toy Or, qui es la premiere cause (de ce malheur,) tu sçais fort bien que sans moy, il est impossible de faire aucun or, ni aucun argent, qui soient parfaits; & qu'il n'y a que moy seule, qui aye ce (merveilleux) avantage. Pourquoy souffres-tu donc, que presque tout le monde entier fonde ses operations sur toy, & sur le Mercure ? Si tu avois encore quelque reste d'honnêteté ; tu empêcherois bien, que les hommes ne s'abandonnassent à une perte toute certaine : mais comme (au lieu de cela) tu fais tout le contraire ; je puis soutenir avec verité, que c'est toy seul, qui es un trompeur.

L'OR.

Je veux te convaincre par l'authorité des Philosophes, que la verité de l'art peut estre accomplie avec moy. Lis Hermés. Il parle ainsi : Le Soleil est son pe- 14
re, (*) & la Lune sa mere : or je suis le seul qu'on compare au soleil.

Aristote, Avicenne, Pline, Serapion, Hipocrate, Dioscoride, Mesué, Rasis, Averroes, Geber, Raymond Lulle, Albert le Grand, Arnaud de Villeneufve, Thomas d'Acquin, & un grand nombre d'autres Philosophes, que je passe sous silence pour n'estre pas long, écrivent tous clairement, & distinctement, que les metaux, & la Teinture (Phisique) ne sont composés que de Souffre, & de 15
Mercure ; (*) que ce Souffre doit estre rouge, incombustible, resistant constamment au feu, & que le Mercure doit estre clair, & bien purifié. Ils parlent de cette sorte sans aucune reserve ; ils me nom-

ment ouvertement par mon propre nom, & disent que dans l'or (c'est à dire dans moy) se trouve le souffre rouge, digest, fixe, & incombustible; ce qui est veritable, & tout évident; car il n'y a personne qui ne connoisse bien, que je suis un métail tres-constant (& inalterable) que je suis doüé d'un souffre parfait, & entierement fixe, sur lequel le feu n'a aucune puissance.

Le *Mercure* fut du sentiment de l'Or; il approuva son discours; soutint que tout ce que son frere venoit de dire, estoit veritable, & que l'œuvre pouvoit se parfaire de la maniere que l'avoient écrit les Philosophes cy-dessus alleguez. Il adjouta mesme, que chacun connoissoit (assés)
16 combien estoit grande (*) l'amitié (mutuele) qu'il y avoit entre l'or, & lui, préferablement à tous les autres metaux; qu'il n'y avoit personne, qui ne peut aisément en juger par le témoignage de ses propres yeux que les orfevres, & autres semblables artisans sçavoient fort bien, que lors qu'ils vouloient dorer quelque ouvrage, ils ne pouvoient se passer du (mélange) de l'or, & du Mercure, & qu'ils en faisoient la conjonction en tres-peu de temps, sans difficulté, & avec

fort peu de travail : que ne devoit-on pas esperer de faire avec plus de temps, plus de travail, & plus d'application ?

LA PIERRE.

A ce discours la Pierre se prit à rire, & leur dit, en verité vous merités bien l'un & l'autre qu'on se mocque de vous, & de vostre démonstration : mais c'est toy, Or, que j'admire encore plus, voyant que tu t'en fais si fort accroire, pour l'avantage que tu as d'estre bon à certaines choses. Peux-tu bien te persuader que les anciens Philosophes ont écrit, comme ils ont fait, dans un sens qui doive s'entendre à la maniere ordinaire ? & crois-tu, qu'on doive simplement interpreter leurs paroles à la lettre ?

L'OR.

Je suis certain que les Philosophes, & les Artistes que je viens de citer, n'ont point écrit de mensonge. Ils sont tous de mesme sentiment touchant la vertu que je possede : Il est bien vray, qu'il s'en est trouvé quelques-uns, qui ont voulu chercher dans des choses entierement éloignées, la puissance, & les proprietés, qui sont en moy. Ils ont travaillé sur certaines herbes ; sur les animaux ; sur le sang ; sur les urines ; sur les cheveux ; sur le ſperme ; & ſur des choſes de cette nature : ceux-là ſe ſont ſans doute écartés de la veritable voye, & ont quelquefois écrit des fauſſetés : mais il n'en eſt pas de même des maiſtres que j'ay nommés. Nous avons des preuves certaines, qu'ils ont en effet poſſedé ce (grand) art ; c'eſt pourquoy nous devons adjouter foy à leurs écrits.

LA PIERRE.

Je ne revoque point en doute que (ces Philoſophes) n'ayent eu une entiere connoiſſance de l'art ; excepté toutes-fois quelques-uns de ceux que tu as allegués : car il y en a parmi eux, mais fort peu, qui l'ont ignoré, & qui n'en ont écrit, que ſur ce qu'ils en ont oüi dire : mais lorſque (les veritables Philoſophes) nomment ſimplement l'Or, & le Mercure, comme les principes de l'art ; ils ne ſe ſervent de ces termes, que pour en cacher la connoiſſance aux ignorans, & à ceux qui ſont indignes (de cette ſcience :) car ils ſçavent fort bien que ces Eſprits (vulgaires) ne s'attachent qu'aux noms des choſes, aux receptes, & aux procedez, qu'ils trouvent écrits ; ſans examiner s'il y a un (ſolide) fondement dans ce qu'ils mettent en pratique : mais les hommes ſçavans,

&

& qui lisent (les bons livres) avec application, & exactitude, considerent toutes choses avec prudence; examinent le rapport, & la convenance qu'il y a entre une chose & une autre; & par ce moyen ils penétrent dans le fondement (de l'art;) de sorte que par le raisonnement, & par la meditation, ils découvrent (enfin) quelle est la matiere des Philosophes, entre lesquels il ne s'en trouve aucun qui ait voulu l'indiquer, ni la donner à connoistre ouvertement, & par son propre nom.

Ils se declarent nettement là dessus; lors qu'ils disent qu'ils ne revélët jamais moins (le secret) de leur art, que lors qu'ils parlent clairement, & selon la maniere ordinaire (de s'énoncer:) mais (ils avoüënt) au contraire que (*) lors qu'ils se servent de similitudes, de figures, & de paraboles, c'est en verité dans ces endroits (de leurs escrits) qu'ils manifestent leur art: car (les Philosophes) aprés avoir discouru de l'Or & du Mercure, ne manquent pas de declarer ensuite, & d'asseurer, que leur or n'est pas le soleil (ou l'or) vulgaire, & que leur Mercure n'est pas non plus le Mercure commun; en voicy la raison.

L'or est un metail parfait, lequel à
cause de la perfection (que la nature lui
a donnée) ne sçauroit estre poussé (par
l'art) à un degré plus parfait; de sorte
que de quelque maniere qu'on puisse travailler avec l'or; quelque artifice qu'on
mette en usage; quand on extrairoit cent
fois sa couleur (& sa teinture;) l'Artiste
ne fera jamais plus d'or, & ne teindra jamais une plus grande quantité de metail
qu'il y avoit de couleur, & de teinture
dans l'or, (dont elle aura esté extraite:)
c'est pour cette raison, que les Philosophes disent, qu'on doit chercher la per-
18 fection (*) dans les choses imparfaites,
& qu'on l'y trouvera. Tu peux lire dans
le Rosaire ce que je te *dis* icy. Raymond
Lulle, que tu m'as cité, est de ce mesme
sentiment, (il asseure) que ce qui doit
estre rendu meilleur, ne doit pas estre
parfait; parce que dans ce qui est parfait, il n'y a rien à changer, & qu'on
détruiroit bien plustost sa nature; (que
d'adjouter quelque chose à sa perfectiõ.)

L'OR.

Je n'ignore pas que les Philosophes
parlent de cette maniere: toutesfois cela se peut appliquer à mon frere Mercure, qui est encore imparfait: mais si on

nous joint tous deux ensemble, il reçoit alors de moy la perfection (qui lui manque :) car il est du sexe feminin, & moy je suis du sexe masculin; ce qui fait dire aux Philosophes, que l'art est un tout-homogene. Tu vois un exemple de cela dans (la procreation) des hommes: car il ne peut naistre aucun enfant sans (l'accouplement) du mâle, & de la femele ; c'est à dire, sans la conjonction de l'un avec l'autre. Nous en avons un pareil exemple dans les animaux, & dans tous les êtres vivants.

LA PIERRE.

Il est vray ton frere Mercure est imparfait (*) & par consequent il n'est pas 19
le Mercure des Sages : aussi quand vous
seriez conjoincts ensemble, & qu'on
vous tiendroit ainsi dans le feu pendant
le cours de plusieurs années, pour tâcher
de vous unir parfaitement l'un avec l'autre ; il arrivera tousjours (la mesme chose, sçavoir) qu'aussi-tost que le Mercure sent l'action du feu, il se separe de
toy, se sublime, s'envole, & te laisse
seul en bas. Que si on vous dissout dans
l'eau-forte ; si on vous reduit en une seule (masse;) si on vous resout ; si on vous
distille; & si on vous coagule ; vous ne

produirés toutesfois jamais qu'une poudre, & un precipité rouge : que si on fait projection de cette poudre sur un metail imparfait, elle ne le teint point: mais on y trouve autant d'or, qu'on y en avoit mis au commencement, & ton frere Mercure te quitte, & s'enfuit.

Voilà quelles sont les experiences, que ceux qui s'attachent à la recherche de la Chimie, ont faites à leur grand domage, pendant une longue suite d'années : voilà aussi (ou aboutit) toute la connoissance qu'ils ont acquise par leurs travaux: mais pour ce qui est du proverbe des anciens, dont tu veux te prevaloir, que l'art est un tout (entierement) homogene ; qu'aucun enfant ne peut naistre sans le mâle, & la femele; & que tu te figures, que par là les Philosophes entendent parler de toy & de ton frere Mercure; je dois te dire (nettement) que cela est faux, & que mal à propos on l'entend de toy ; encore qu'en ces mesmes endroits , les Philosophes parlent juste, & disent la verité. Je te certifie,
20 que c'est icy(*)la Pierre angulaire,qu'ils ont posée , & contre laquelle plusieurs milliers d'hommes ont bronché.

Peux tu bien t'imaginer qu'il en doit

estre de mesme(*)avec les metaux, qu'a- 21
vec les choses qui ont vie. Il t'arrive en
cecy ce qui arrive à tous les faux Artistes:
car lors que vous lisez (de sẽblables passages)dans les Philosophes, vous ne vous attachés pas à les examiner davantage, pour tâcher de découvrir si (de telles expressions) quadrent, & s'accordent, ou non, avec ce qui a esté dit auparavant, ou qui est dit dans la suite : cependant (tu dois sçavoir,) que tout ce que les Philosophes ont escrit de l'œuvre en termes figurez, se doit entendre de moy seule, & non de quelque autre chose, qui soit dans le monde, puis qu'il n'y a que moy seule, qui puisse faire ce qu'ils
disent, & que (*) sans moy, il est impos- 22
sible de faire aucun or, ni aucun argent, qui soient veritables.

L'OR.

Bon Dieu ! n'as-tu point de honte de proferer un si grand mensonge ? & ne crains-tu pas de commettre un peché, en te glorifiant jusques à un tel point, que d'oser t'attribuer à toy seule, tout ce que tant de sages, & de sçavans personnages ont escrit de cet art, depuis tant de siecles, toy, qui n'es qu'une matiere crasse, impure, & venimeuse ; &

tu avoües, nonobstant cela, que cet art est un tout (parfaitement) homogene? tu dis de plus, que sans toy, on ne peut faire aucun or, ni aucun argent, qui soient veritables, comme estant une cho-
23 se (*) universelle, (n'est-ce pas là une contradiction manifeste;), d'autant que plusieurs sçavans personnages se sont appliqués avec tant de soin, & d'exactitude aux (curieuses) recherches qu'ils ont faites, qu'ils ont trouvé d'autres voyes (ce sont *des procedez*) qu'on nomme des particuliers, desquels cependant on peut tirer une grande utilité.

LA PIERRE.

Mon cher Or, ne sois pas surpris de ce que je viens de te dire, & ne sois pas si imprudent que de m'imputer un men-
24 songe, à moy qui (*) ay plus d'âge que toy: s'il m'arrivoit de me tromper en cela; tu devrois avec juste raison excuser mon (grand) âge; puis que tu n'ignores pas, qu'il faut porter respect à la vieillesse.

Pour te faire voir que j'ay dit la verité, afin de deffendre mon honneur; je ne veux m'appuyer que (de l'authorité) des mêmes maistres, que tu m'as citez, & que par consequent tu n'es pas en droit

de recuser. (Voyons) particulierement
Hermés. Il parle ainsy. Il est vray, sans
mensonge, certain, & tres-veritable,
que ce qui est en bas, est semblable à ce
qui est en haut; & ce qui est en haut,
est semblable à ce qui est en bas: (*) 25
c'est par ces choses, qu'on peut faire les
miracles d'une seule chose.

Voicy comment parle Aristote. O
que cette chose est admirable, qui contient
en elle mesme toutes les choses dõt
nous avons besoin. Elle se tüe elle mesme;
& ensuite elle reprend vie d'elle
mesme; (*) elle s'épouse elle mesme, 26
elle s'engrosse elle mesme, elle naist d'elle
mesme; elle se resout d'elle mesme
dans son propre sang; elle se coagule de
nouveau avec luy, & prend une consistance
dure; elle se fait blanche; elle se
fait rouge d'elle mesme; nous ne lui adjoutons
rien de plus, & nous n'y changeons
rien, si ce n'est que nous en separons
là *grossiereté*, & la terrestreïté.

Le Philosophe Platon parle de moy en
ces termes. C'est une seule unique chose,
d'une seule, & mesme espece en elle
mesme; (*) elle a un corps, une ame, 27
un esprit, & les quatre elemens, sur lesquels
elle domine. Il ne lui manque rien;

elle n'a pas besoin des autres corps ; car
elle s'engendre elle-mesme ; toutes choses sont d'elle, par elle, & en elle.

Je pourrois te produire icy plusieurs
autres témoignages : mais comme cela
n'est pas necessaire, je les passe sous silence, pour n'estre pas ennuyeuse : &
comme tu viẽs de me parler de (*procedés*)
particuliers ; je vay t'expliquer en quoy
28 ils different (de l'art.) (*) Quelques artistes qui ont travaillé avec moy, ont
poussé leurs travaux si loin, qu'ils sont
venus à bout, de separer de moy mon
esprit, qui contient ma teinture ; en sorte que le mêlãt avec d'autres metaux, &
mineraux, ils sont parvenus à communiquer quelque peu de mes vertus & de mes
forces, aux metaux qui ont quelque affinité, & quelque amitié avec moy : cependant les Artistes qui ont reüssy par
cette voye, & qui ont trouvé seurement
une partie (de l'art,) sont veritablement
en tres-petit nombre : mais comme ils
n'ont pas connu (*) l'origine d'où
viennent les teintures, il leur a esté
impossible de pousser leur travail plus
loing; & ils n'ont pas trouvé au bout du
compte, qu'il y eust une grande utilité
dans leur procedé : mais si ces Artistes

avoient porté leurs recherches au delà, & qu'ils eussent bien examiné quelle est la (*) femme, qui m'est propre ; qu'ils l'eussent cherchée ; & qu'ils m'eussent uni à elle; c'est alors que j'aurois pû teindre mille fois (davantage:) mais (au lieu de cela) ils ont entierement détruit ma propre nature, en me mélant avec des choses étrangeres ; c'est pourquoy bien qu'en faisant leur calcul, ils ayent trouvé quelque avantage, fort mediocre toutesfois, en comparaison de la grande puissance qui est en moi: il est cōstant neanmoins que (cette utilité) n'a procedé, & n'a eu sō origine, que de moy, & non de quoique ce soit autre (avec quoi j'aye pû être mélée.)

L'OR.

Tu n'as pas assés prouvé par ce que tu viens de dire : car encore que les Philosophes parlent d'une seule chose, qui renferme en soy les quatre elemens ; qui a un corps, une ame, & un esprit ; & que par cette chose ils veuillent faire entendre la teinture (Phisique;) lors qu'elle a esté poussée jusques à sa derniere (perfection ;) qui est le but où ils tendent ; neanmoins cette chose doit dés son commencement estre composée de moy, qui suis l'or, & de mon frere, qui est le Mercure, comme estant (tous deux) la semence masculine, & la semence feminine, ainsi qu'il a esté dit cy dessus : car aprés que nous avons esté suffisament cuits, & transmués en teinture, nous sommes pour lors l'un & l'autre (ensemble) une seule chose, dont les Philosophes parlent.

LA PIERRE.

Cela ne va pas comme tu te l'imagines. Je t'ay déja dit cy devant, qu'il ne peut se faire une veritable unió de vous deux, parce que vous n'estes pas un seul corps:
31 (*) mais deux corps ensemble; & par consequant vous estes contraires, à considerer le fondement de la nature: mais
32 moy j'ay un corps (*) imparfait, une ame constante, une teinture penetrante: j'ay de plus un Mercure clair, transparent, volatil, & mobile, & je puis operer toutes les (grandes) choses, dont vous vous glorifiez tous deux, sans toutesfois que vous puissiez les faire : parce que c'est moy qui porte dans mon sein l'or Philosophique, & le Mercure des sages; c'est pourquoy les Philosophes (parlant
33 de moy,) disent, nostre Pierre (*) est invisible, & il n'est pas possible d'acquerir la possession de nostre Mercure, au-

trement que par le moyen de (*) deux 34
corps, dont l'un ne peut recevoir sans
l'autre, la perfection (qui lui est re-
quise.)

C'est pour cette raison qu'il n'y a que
moy seule, qui possede une semence
masculine, & feminine, & qui sois (en
mesme tems) un tout (entierement) homogene, aussi me nomme-t-on Hermaphrodite. Richard Anglois rend témoignage de moy, disant la premiere matiere de nostre Pierre s'appelle rebis (*deux
fois chose:*) c'est à dire une chose qui a receu
de la nature une double proprieté ocul-
te, qui luy fait donner le nom d'Hermaphrodite; comme qui diroit une matiere,
dont il est difficile de pouvoir distinguer
le sexe, (& de découvrir) si elle est mâle, ou si elle est femele, d'autant qu'elle
incline également des deux costez : c'est
pourquoy la medecine (universelle) se fait
d'une chose, qui est (*) l'eau, & l'esprit du 35
corps.

C'est cela qui a fait dire, que cette medecine qui a trõpé un grand nõbre de sots
à cause de la multitude des enigmes,
(sous lesquelles elle est envelopée :) cependant cet art ne requiert qu'une seule
chose, qui est connuë d'un chacun, &

que plusieurs souhaitent ; & le tout est
une chose qui n'a pas sa pareille dans le
36 monde ; (*) elle est vile toutesfois, & on
peut l'avoir à peu de fraiz: il ne faut pas
pour cela la mépriser: car elle fait, & parfait des choses admirables.

Le Philosophe Alain dit, vous qui travaillés à cet art, vous devés avoir une
ferme, & constante application d'esprit
à vostre travail, & ne pas commencer à
essayer tantost une chose, & tantost une
autre. L'art ne consiste pas dans la plura-
lité des especes : mais dans le corps, &
dans l'esprit. O qu'il est veritable, que
la medecine de nôtre pierre est une chose,
un vaisseau, une conjonction. Tout l'artifice commence par une chose, & finit
par une chose : bien que les Philosophes
dans le dessein de cacher ce (grand art)
décrivent plusieurs voyes ; sçavoir une
conjonction continuelle, une mixtion,
une sublimation, une desiccation, & tout
autant d'autres (voyes, & operations)
qu'on peut en nommer de differents
37 noms : mais (*) la solution du corps ne
se fait, que dans son propre sang.

Voicy comment parle Geber. Il y a
un souffre dans la profondeur du Mercure, qui le cuit, & qui le digere dans les

veines des mines, pendant un tres-long temps. Tu vois donc bien mon cher or, que je t'ay amplement demontré, que ce souffre n'est qu'en moy seule; puis que je fais tout moy seule, sans ton secours, & sans celuy de tous tes freres & de tous tes compagnons. Je n'ay pas besoin de vous: mais vous avez tous besoin de moy; d'autant que je puis vous donner à tous la perfection, & vous eslever au dessus de l'estat, où la nature vous a mis.

A ces dernieres parolles l'or se mit furieusement en colere, ne sçachant plus que répondre: il tint (cependant) conseil avec son frere Mercure, & ils convinrent ensemble, qu'ils s'assisteroient l'un l'autre, (esperant) qu'estant deux contre nostre pierre, qui n'est qu'une & seule, ils la surmonteroient facilement; de sorte qu'aprés n'avoir pû la vaincre par la dispute, ils prirent resolution de la mettre à mort par l'espée. Dans ce dessein ils joignirent leurs forces, afin de les augmenter, par l'union de leur double puissance.

Le combat se donna. Nostre pierre deploya ses forces, & sa valeur: les combatit tous deux; (*) les surmonta;

les dissipa; & les engloutit l'un & l'autre en sorte qu'il ne resta aucun vestige, qui pust faire connoistre ce qu'ils estoient devenus.

Ainsi chers amis, qui avez la crainte de Dieu devant les yeux, ce que je viens de vous dire, doit vous faire connoistre la verité, & vous éclairer l'esprit autant qu'il est necessaire, pour comprendre le fondemẽt du plus grand, & du plus precieux de tous les tresors, qu'aucun Philosophe na si clairement exposé, découvert, ny mis au jour.

Vous n'avés donc pas besoin d'autre chose. Il ne vous reste qu'à prier Dieu, qu'il veuille bien vous faire parvenir à la possession d'un joyau, qui est d'un prix inestimable. Eguisés aprés cela la pointe de vos Esprits; Lisés les escrits des sages avec prudence; travaillés avec diligence, (& exactitude;) n'agissés pas avec precipitation dans un œuvre si precieux.
39 (*) Il a son temps ordonné par la nature; tout de mesme que les fruits, qui sont sur les arbres, & les grappes de raisins que la vigne porte. Ayés la droiture dans le cœur, & proposés vous (dans vostre travail) une fin honneste; autrement Dieu
40 ne vous accordera rien: (*) car il ne

communique un (si grand) don, qu'à ceux qui veulent en faire un bon usage; & il en prive ceux, qui ont dessein de s'en servir, pour commettre le mal. Je prie Dieu qu'il vous donne sa (sainte) benediction. Ainsi soit-il.

FIN.

ENTRETIEN
D'EUDOXE
& de PYROPHILE
SUR
L'ANCIENNE GUERRE
DES CHEVALIERS.

ENTRETIEN

D'EUDOXE & DE PYROPHILE

Sur

L'Ancienne Guerre des Chevaliers.

PYROPHILE.

O Moment heureux, qui fait que je vous rencontre en ce lieu! il y a long temps, que je souhaite avec le plus grand empressement du monde, de pouvoir vous entretenir du progrés que j'ay fait dans la Philosophie, par la lecture des autheurs, que vous m'avés conseillé de lire, pour m'instruire du fondement de cette divine science, qui porte par excellence le nom de Philosophie.

EUDOXE.

Je n'ay pas moins de joye de vous revoir, & j'en auray beaucoup d'apprendre quel est l'avantage que vous avez tiré de vôtre application à l'estude de nôtre sacrée science.

PYROPHILE.

Je vous suis redevable de tout ce que j'en sçay, & de ce que j'espere encore penetrer dans les misteres Philosophiques;si vous voulés bien continuer à me préter le secours de vos lumieres. C'est vous qui m'avez inspiré le courage, qui m'estoit necessaire, pour entreprendre une estude, dont les difficultés paroissent impénétrables dés l'entrée,& capables de rebuter à tous momens, les esprits les plus ardents à la recherche des verités les plus cachées:mais graces à vos bons conseils,je ne me trouve que plus animé, à poursuivre mon entreprise.

EUDOXE.

Je suis ravi de ne m'estre pas trompé au jugement que j'ay fait du caractere de vostre esprit ; vous l'avés de la trempe qu'il faut l'avoir,pour acquerir des connoissances, qui passent la portée des genies ordinaires,&pour ne pas mollir contre tant de difficultés,&qui rendēt presqu'inaccessible le sanctuaire de nostre Philosophie: je louë extrememēt la force avec laquelle je sçay que vous avés combatu les discours ordinaires de certains Esprits,qui croyent qu'il y va de leur hōneur, de traitter de reverie tout ce qu'ils ne connoissent pas ; parce qu'ils ne veulent pas,qu'il soit dit, que d'autres puissent découvrir des verités,dont eux n'ont aucune intelligence.

PYROPHILE.

Je n'ay jamais crû devoir faire beaucoup d'attention aux raisonnemens des personnes, qui veulent decider des choses, qu'ils ne connoissent pas : mais je vous avouë, que si quelque chose eust esté capable de me detourner d'une science, pour laquelle jay tousjours eu une forte inclination naturelle, ç'auroit esté une espece de honte, que l'ignorance a attaché à la recherche de cette Philosophie; il est facheux en effet d'estre obligé de cacher l'application qu'on y donne ; à moins que de vouloir passer dans l'esprit de la pluspart du monde, pour un homme, qui ne s'occupe qu'à de vaines Chimeres : mais comme la verité, en quelque endroit qu'elle se trouve a pour moy des charmes souverains ; rien n'a pû me detourner de cet estude. J'ay leu les escrits d'un grand nombre de Philosophes, aussi considerables pour leur sçavoir, que pour leur probité ; & comme je n'ay jamais pû mettre dans mon esprit, que tant de grands personnages fussent autant d'imposteurs publics ; j'ay voulu examiner leurs principes avec beaucoup d'application, & j'ay esté convaincu des verités qu'ils avancent ; bien que je ne les comprenne pas encore toutes.

EUDOXE.

Je vous sçay fort bon gré de la justice que vous rendés aux maistres de nostre art : mais dites moy je vous prie, quelsPhilosophes vous avés particulierement lûs, & qui sont ceux qui vous ont le plus satisfait ? Je m'estois contenté de vous en recommender quelques uns.

PYROPHILE.

Pour répondre à vostre demande, j'aurois un grand Catalogue à vous faire ; il y a plusieurs années que je n'ay cessé de lire divers Philosophes. J'ay esté chercher la science dans sa source. J'ay leu la table d'emeraude, les sept chapitres d'Hermes, & leurs commentaires. J'ay leu Geber, la Tourbe, le Rosaire, le Theatre, la Bibliotheque, & le Cabinet Chimiques, & particulierement Artesius, Arnaud de Villeneufve, Raymond Lulle, le Trevisan, Flamel, Zacchaire, & plusieurs autres anciens, & modernes, que je ne nomme pas; entre autres Basile Valentin, le Cosmopolite, & Philalethe.

Je vous asseure que je me suis terriblement rompu la teste, pour tacher de trouver le point essentiel dans lequel ils doivent tous s'acorder, bien qu'ils se servent d'expressions si differentes, qu'elles paroissent mesme fort souvent opposées. Les uns parlent de la matiere en termes abstraits, les autres, en termes composés: les uns n'expriment que certaines qualités de cette matiere ; les autres s'attachent à des proprietés toutes differentes : les uns la considerent dans un estat purement naturel, les autres en parlēt dans l'estat de quelques unes des perfections qu'elle reçoit de l'art ; tout cela jette dans un tel labyrinthe de difficultés, qu'il n'est pas estonnant, que la pluspart de ceux qui lisent les Philisophes, forment presque tous des conclusions differentes.

Je ne me suis pas contenté de lire une fois les principaux autheurs, que vous m'avés conseillés ; je les ay relus autant de fois, que j'ay crû en tirer de nouvelles lumieres, soit touchant la veritable matiere; soit touchant ses diverses preparations, dont depend tout le succez de l'œuvre. J'ay fait des Extraits de tous les meilleurs livres. J'ay medité là dessus nuit, & jour ; jusques à ce que j'ay crû connoistre la matiere, & ses preparations differentes, qui ne sont proprement qu'une mesme operation continuée. Mais je vous avouë qu'aprés un si penible travail, j'ay pris un singulier plaisir, à lire l'ancienne querelle de la Pierre des Philosophes avec l'Or, & le Mercure; la netteté, la simplicité, & la solidité de cet escrit, m'ont charmé; & comme c'est une verité constante, que qui entend parfaitement un veritable Philosophe, les entend asseurement tous, permettés moy, s'il vous plait, que je vous fasse quelques questions sur celuy-cy, & ayés la bonté de me répondre, avec la même sincerité, dõt vous avés toûjours usé à mon égard. Je suis asseuré qu'aprés cela, je seray autant instruit, qu'il est besoin de l'estre, pour mettre la main à l'œuvre, & pour arriver heureusement à la possession du plus grand de tous les biens temporels, Dieu puisse recompenser ceux qui travaillent dans son amour, & dans sa crainte.

EUDOXE.

Je suis prest à satisfaire à vos demandes, & je seray tres-aise, que vous touchiés le point essentiel, dans la resolution où je suis de ne vous rien cacher, de ce qui peut servir pour l'instruction, dont

dont vous croyés avoir beſoin : mais je crois qu'il eſt à propos, que je vous faſſe faire auparavant quelques remarques, qui contribueront beaucoup à éclaircir quelques endroits importants de l'eſcrit dont vous me parlez.

Remarqués donc que le terme de Pierre eſt pris en pluſieurs ſens differents, & particulierement par rapport aux trois differents eſtats de l'œuvre ; ce qui fait dire à Geber, qu'il y a trois Pierres, qui ſont les trois medecines, répondant aux trois degrés de perfection de l'œuvre : de ſorte que la Pierre du premier ordre, eſt la matiere des Philoſophes, parfaitement purifiée, & reduite en pure ſubſtance Mercuriele; la Pierre du ſecond ordre eſt la meſme matiere cuite, digerée, & fixée en ſoufre incombuſtible; la Pierre du troiſiéme ordre eſt cette méme matiere fermentée, multipliée & pouſſée à la derniere perfection de teinture fixe, permanente, & tingente : & ces trois Pierres ſont les trois medecines des trois genres.

Remarqués de plus qu'il y a une grãde difference entre la pierre des Philoſophes, & la pierre philoſophale. La premiere eſt le ſujet de la Philoſophie conſideré dans l'eſtat de ſa premiere preparation, dans lequel elle est veritablement Pierre, puis qu'elle est solide, dure, pesante, cassante, friable; elle est un corps (dit Philalethe,) *puis qu'elle coule dans le feu, comme un metail*; elle est cependant esprit, *puis qu'elle est toute volatile; elle est le composé, & la Pierre qui contient l'humidité, qui court dans le feu* (dit Arnaud de Villeneufve dans sa lettre au Roy de Naples) C'est dans cet estat qu'elle est *une substance moyenne entre le metail & le Mercure*, comme dit l'Abbé Sinesius; c'est enfin, dans ce mesme estat que Geber la cõsidere, quand il dit en deux endroits de sa Somme, *prens nostre Pierre; c'est à dire* (dit-il) *la matiere de nostre Pierre*, tout de mesme que s'il disoit, prens la pierre des Philosophes, qui est la matiere de la pierre Philosophale.

La Pierre Philosophale est donc la mesme Pierre des Philosophes; lors que par le Magistere secret, elle est parvenuë à la perfection de medecine du troisiéme ordre, transmuant tous les metaux imparfaits en pur Soleil, ou Lune, selon la nature du ferment, qui lui a esté adjouté. Ces distinctions vous serviront beaucoup pour developer le sens embarrassé des escritures Philosophiques, & pour éclaircir plusieurs endroits de l'autheur, sur lequel vous avez des questions à me faire.

PYROPHILE.

Je reconnois desja l'utilité de ces remarques, & j'y trouve l'explication de quelques uns de mes doutes: mais avant que passer outre, dites moy je vous prie, si l'Autheur de l'escrit, dont je vous parle, merite l'approbation, que plusieurs Sçavans lui ont donnée, & s'il contient tout le secret de l'œuvre?

EUDOXE.

Vous ne devés pas douter que cet escrit ne soit parti de la main d'un veritable Adepte, & qu'il ne merite par consequent l'estime, & l'approbation des Philosophes. Le dessein principal de cet autheur est de desabuser un nombre presque infini d'artistes, qui trompés par le sens litteral des escritures, s'attachent opiniatrement à vouloir faire le Magistere, par la conjonction de l'Or avec le Mercure diversement preparé; & pour les convaincre absolument, il soutient avec les plus anciens, & les plus recommendables Philosophes, que *l'œuvre n'est fait que d'une seule chose, d'une seule & mesme espece.*

PYROPHILE.

C'eſt juſtement là le premier des endroits qui m'ont cauſé quelque ſcrupule : car il me ſemble qu'on peut douter avec raiſon, qu'on doive chercher la perfection dans une ſeule & même ſubſtance, & que ſans y rien adjouter, on puiſſe en faire toutes choſes. Les Philoſophes diſent au contraire, que non ſeulement il faut oſter les ſuperfluités de la matiere ; mais encore qu'il faut y adjouter ce qui luy manque.

EUDOXE.

Il eſt bien facile de vous delivrer de ce doute par cette comparaiſon ; tout de même que les ſucs extraits de pluſieurs herbes, depurés de leur marc, & incorporés enſemble, ne font qu'une confection d'une ſeule, & même eſpece ; ainſi les Philoſophes appellẽt avec raiſon leur matiere preparée, une ſeule & même choſe ; bien qu'on n'ignore pas, que c'eſt un composé naturel de quelques ſubſtances d'une même racine, & d'une même eſpece, qui font un tout complet, & homogene ; en ce ſens les Philoſophes ſont tous d'accord ; bien que les uns diſent, que leur matiere eſt compoſée de deux choſes, & les autres de trois, que les uns escrivent qu'elle est de quatre, & même de cinq, & les autres enfin qu'elle est une seule chose. Ils ont tous également raison, puisque plusieurs choses d'une même espece naturellement, & intimement unies, ainsi que plusieurs eaux distillées d'herbes, & mélées ensemble, ne constituent en effet qu'une seule & même chose, ce qui se fait dans nôtre art, avec d'autant plus de fondement, que les substances qui entrent dans le composé Philosophique, different beaucoup moins entre elles, que l'eau d'oseille ne differe de l'eau de laituë.

PYROPHILE.

Je n'ay rien à repliquer à ce que vous venez de me dire. J'en comprends fort bien le sens : mais il me reste un doute, sur ce que je connois plusieurs personnes, qui sont versées dans la lecture des meilleurs Philosophes, & qui neámoins suivent une methode toute contraire au premier fondement, que nôtre Autheur pose ; sçavoir que *la matiere Philosophique n'a besoin de quoy que ce soit autre, que d'estre dissoute, & coagulée.* Car ces personnes commencent leurs operations par la coagulation ; il faut donc qu'ils travaillent ſur une matiere liquide, au lieu d'une Pierre; dites moy, je vous prie, ſi cette voye eſt celle de la verité.

EUDOXE.

Voſtre remarque eſt fort judicieuſe. La plus grande partie des vrays Philoſophes eſt du meſme ſentiment que celuy-cy. La matiere n'a beſoin que d'eſtre diſſoute, & enſuite coagulée; la mixtion, la conjonction, la fixation, la coagulation, & autres ſemblables operations, ſe font preſque d'elles meſmes: mais la ſolution eſt le grand ſecret de l'Art. C'eſt ce point eſſentiel, que les Philoſophes ne revélent pas. Toutes les operations du premier œuvre, ou de la premiere medicine, ne ſont, à proprement parler, qu'une ſolution continuelle; de ſorte que calcination, extraction, ſublimation, & diſtillation ne ſont qu'une veritable ſolution de la matiere. Geber n'a fait comprendre la neceſſité de la ſublimation, que parce qu'elle ne purifie pas ſeulement la matiere de ſes parties groſſieres, & aduſtibles; mais encore parce qu'elle la diſpoſe à la ſolution, d'où reſulte l'humidité Mercuriele, qui eſt la clef de l'œuvre.

PYROPHILE.

Me voilà extremement fortifié contre ces pretendus Philosophes, qui sont d'un sentiment contraire à cet Autheur; & je ne sçay comment ils peuvent s'imaginer, que leur opinion quadre fort juste avec les meilleurs Autheurs.

EUDOXE.

Celuy-cy tout seul suffit pour leur faire voir leur erreur ; il s'explique par une comparaison tres juste de la glace, qui se fond à la moindre chaleur ; pour nous faire connoistre, *que la principale des operations est de procurer la solution d'une* 3
matiere dure, & seiche, aprochant de la nature de la Pierre, laquelle toutesfois par l'action du feu naturel doit se resoudre en eau seiche, aussi facilement, que la glace se fond à la moindre chaleur.

PYROPHILE.

Je vous serois extremement obligé, si vous vouliés me dire ce que c'est que *le feu naturel*. Je comprends fort bien que 4
cet agent est la principale clef de l'art. Plusieurs Philosophes en ont exprimé la nature par des paraboles tres-obscures: mais je vous avouë, que je n'ay encore pû comprendre ce mistere.

EUDOXE.

En effet c'est le grand mistere de l'art, puisque tous les autres misteres de cette sublime Philosophie dependent de l'intelligence de celui-cy. Que je serois satisfait, s'il m'estoit permis de vous expliquer ce secret sans equivoque ; mais je ne puis faire ce qu'aucun Philosophe n'a cru estre en son pouvoir. Tout ce que vous pouvés raisonnablement attendre de moy, c'est de vous dire, que le feu naturel, dont parle ce Philosophe, est un feu en puissance, qui ne brule pas les mains ; mais qui fait paroistre son efficace pour peu qu'il soit excité par le feu exterieur. C'est donc un feu veritablement secret, que cet Autheur nomme *Vulcain Lunatique* dans le titre de son escrit. Artephius en a fait une plus ample description, qu'aucun autre Philosophe. Pontanus l'a copié, & a fait voir qu'il avoit erré deux cens fois ; parce qu'il ne connoissoit pas ce feu, avant qu'il eust leu, & compris Artephius : ce feu misterieux est naturel, parce qu'il est d'une mesme nature que la matiere Philosophique ; l'artiste neanmoins prepare l'un & l'autre.

PYROPHILE.

Ce que vous venez de me dire, augmente plus ma curiosité, qu'il ne la satisfait. Ne condamnez pas les instantes prieres que je vous fais, de vouloir m'éclaircir davantage sur un point, si important, qu'à moins que d'en avoir la connoissance, c'est en vain qu'on pretend travailler; on se trouve arreté tout court d'abord aprés le premier pas, qu'on a fait dans la pratique de l'œuvre.

EUDOXE.

Les sages n'ont pas esté moins reservez touchant leur feu que touchant leur matiere; de sorte qu'il n'est pas en mon pouvoir de rien adjouter à ce que je viens de vous en dire. Je vous renvoye donc à Artephius, & à Pontanus. Considerez seulement avec application, que ce feu naturel est neanmoins une artificieuse invention de l'artiste; qu'il est propre à calciner, dissoudre, & sublimer la pierre des Philosophes; & qu'il n'y a que cette seule sorte de feu au monde, capable de produire un pareil effet. Considerez que ce feu est de la nature de la chaux & qu'il n'est en aucune maniere estranger à l'egard du sujet de la Philosophie. Considerez enfin par quels moyens Geber enseigne de faire les sublimations requises à cet art : pour moy je ne puis faire davantage, que de faire pour vous le même souhait, qu'a fait un autre Philosophe : *Sydera Veneris, & corniculata Dianæ tibi propitia sunto.*

PYROPHILE.

J'aurois bien voulu, que vous m'eussiés parlé plus intelligiblement: mais puis qu'il y a de certaines bornes, que les Philosophes ne peuvent passer ; je me contente de ce que vous venez de me faire remarquer; je reliray Artephius avec plus d'application, que je n'ay encore fait; & je me souviendray fort bien que vous m'avez dit que le feu secret des sages est un feu, que l'artiste prepare selon l'art, ou du moins, qu'il peut faire preparer par ceux qui ont une parfaite connoissance de la Chimie ; que ce feu n'est pas actuelement chaud ; mais qu'il est un esprit igné introduit dans un sujet d'une mesme nature que la pierre, & qu'estant mediocrement excité par le feu exterieur, la calcine, la dissout, la sublime, *& la resout en eau seiche,* ainsi que le dit le Cosmopolite.

EUDOXE.

Vous comprenés fort bien ce que je

viens de vous dire; j'en juge par le commentaire, que vous y adjoutez. Sçachez seulemẽt que de cette premiere solution, calcination, ou sublimation, qui sont ici une même chose, il en resulte la separation des parties terrestres & adustibles de la Pierre ; sur tout si vous suivés le conseil de Geber touchant le regime du feu, de la maniere qu'il l'enseigne, lors qu'il traitte de la sublimation des Corps, & du Mercure. Vous devés tenir pour une verité constante, qu'il n'y a que ce seul moyen au monde, pour extraire de la pierre son humidité onctueuse, qui contient inseparablement le soufre & le Mercure des Sages.

PYROPHILE.

Me voilà entierement satisfait sur le principal point du premier œuvre ; faites moy la grace de me dire si la comparaison que nôtre Autheur fait *du froment & avec la Pierre des Philosophes, à l'égard de leur preparation necessaire*, pour faire du pain avec l'un, & la medecine universelle avec l'autre, vous paroist une comparaison bien juste.

EUDOXE.

Elle est autant juste, qu'on puisse en faire, si on considere la pierre en l'estat, où l'artiste commence de la mettre, pour pouvoir estre legitimement appellée le sujet, & le composé Philosophique : car tout de mesme que nous ne nous nourrissons pas de bled, tel que la nature le produit; mais que nous sommes obligés de le reduire en farine, d'en separer le son, de la pétrir avec de l'eau, pour en former le pain, qui doit estre cuit dans un four, pour estre un aliment convenable; de mesme nous prenons la pierre; nous la triturons; nous en separons par le feu secret, ce qu'elle a de terrestre; nous la sublimons; nous la dissolvons avec l'eau de la mer des Sages; nous cuisons cette simple confection, pour en faire une medecine souveraine.

PYROPHILE.

Permettés moy de vous dire qu'il me paroist quelque difference dans cette comparaison. L'autheur dit qu'il faut prendre ce mineral tout seul, pour faire cette grande medecine, & cependant avec du bled tout seul nous ne sçaurions faire du pain; il y faut adjoûter de l'eau, & mesme du levain.

EUDOXE.

Vous avez des-ja la réponse à cette objection, en ce que ce Philosophe, comme tous les autres, ne deffend pas abſolument de rien adjouter; mais bien de rien adjouter, qui ſoit eſtranger, & contraire. L'eau qu'on adjoute à la farine, ainſi que le levain, ne ſont rien d'eſtranger ny de contraire à la farine; le grain dont elle eſt faite a eſté nourri d'eau dans la terre; & partant elle eſt d'une nature analogue avec la farine: de meſme que l'eau de la mer des Philoſophes eſt de la même nature que nôtre pierre; d'autant que tout ce qui eſt compris ſous le genre mineral, & metallique, a eſté formé & nourri de cette meſme eau dans les entrailles de la terre, où elle penétre avec les influences des aſtres. Vous voyés evidemment parce que je viens de dire, que les Philoſophes ne ſe contrédiſent point, lors qu'ils diſent que leur matiere eſt une ſeule & même ſubſtance, & lors qu'ils en parlent comme d'un composé de pluſieurs ſubſtances d'une ſeule, & meſme eſpece.

PYROPHILE.

Je ne crois pas qu'il y ait perſonne qui ne doive eſtre convaincu par des raiſons auſſi ſolides, que celles que vous venez d'alleguer. Mais dites-moy, s'il vous plait, si je me trompe, dans la consequence que je tire de cet endroit de nostre autheur, où il dit que *ceux qui sçavent de quelle maniere on doit traitter les metaux, & les mineraux, pourront arriver droit au but qu'ils se proposent.* Si cela est ainsi, il est evident qu'on ne doit chercher la matiere, & le sujet de l'art, que dans la famille des metaux, & des mineraux, & que tous ceux qui travaillent sur d'autres sujets, sont dans la voye de l'erreur.

EUDOXE.

Je vous réponds que vôtre consequence est fort bien tirée; ce Philosophe n'est pas le seul qui parle de cette sorte; il s'accorde en cela avec le plus grand nombre des anciens, & des modernes. Geber qui a sçeu parfaitement le Magistere, & qui n'a usé d'aucune allegorie, ne traite dans toute sa somme, que des metaux, & des mineraux; des corps & des esprits,& de la maniere de les bien preparer, pour en faire l'œuvre, mais comme la matiere Philosophique est en partie corps, & en partie esprit; qu'en un sens elle est terrestre, & qu'en l'autre elle est toute celeste; & que certains autheurs la considerent en un sens, & les autres en traittent en un autre; cela a donné lieu à l'erreur d'un grand nombre d'artistes, qui sous le nom d'Universalistes, rejettent toute matiere qui a reçeu une determination de la nature; parce qu'ils ne sçavent pas détruire la matiere particuliere, pour en separer le grain & le germe, qui est la pure substance universelle, que la matiere particuliere renferme dans son sein, & à laquelle l'artiste sage & éclairé, sçait rendre absolument toute l'universalité qui luy est necessaire, par la conjonction naturelle qu'il fait de ce germe avec la matiere universalissime: de laquelle il a tiré son origine. Ne vous effrayés pas à ces expressions singulieres; nostre art est Cabalistique. Vous comprendrés aisement ces misteres, avant que vous soyés arrivé à la fin des questions, que vous avés dessein de me faire, sur l'autheur que vous examinez.

PYROPHILE.

Si vous ne me donniés cette esperance, je vous proteste, que ces misterieuses obscurités seroient capables de me rebuter, & de me faire desesperer d'un bon succez: mais je prends une entiere confiance en ce que vous me dites,

& je comprens fort bien, que les metaux du vulgaire ne sont pas les metaux des Philosophes; puisque je vois evidemment, que pour estre tels, il faut qu'ils soient détruits, & qu'ils cessent d'estre metaux; & que le sage n'a besoin que de cette humidité visqueuse, qui est leur matiere premiere, de laquelle les Philosophes font leurs metaux vivants, par un artifice, qui est aussi secret, qu'il est fondé sur les principes de la nature; n'est-ce pas là vôtre pensée?

EUDOXE.

Si vous sçavés aussi bien les loix de la pratique de l'œuvre, comme vous me paroissés en comprendre la theorie; vous n'avés pas besoin de mes éclaircissemens.

PYROPHILE.

Je vous demande pardon. Je suis bien esloigné d'estre aussi avancé, que vous vous l'imaginés; ce que vous croyés estre un effet d'une parfaite connoissance de l'art, n'est qu'une facilité d'expression, qui ne vient que de la lecture des Autheurs, dont j'ai la memoire remplie. Je suis au contraire tout prest à desesperer de posseder jamais de si hautes connoissances, lorsque je vois que ce

Philo

Philosophe veut, comme plusieus autres, que celuy qui aspire à cette science, *connoisse exterieurement, & interieurement les proprietés de toutes choses, & qu'il penétre dans la profondeur des operations de la nature.* Dites-moy, s'il vous plaît, qui est l'homme qui peut se flatter de parvenir à un sçavoir d'une si vaste estenduë?

EUDOXE.

Il est vray que ce Philosophe ne met point de bornes au sçavoir de celuy qui pretend à l'intelligence d'un art si merveilleux : car le sage doit parfaitement connoistre la nature en general, & les operations qu'elle exerce, tant dans le centre de la terre, en la generation des mineraux, & des metaux; que sur la terre, en la production des vegetaux, & des animaux. Il doit connoistre aussi la matiere universelle, & la matiere particuliere & immediate, sur laquelle la nature opere pour la generation de tous les êtres; il doit connoistre enfin le rapport & la sympatie, ainsi que l'antipatie & l'aversion naturelle, qui se rencontre entre toutes les choses du monde. Telle estoit la science du Grand Hermes, & des premiers Philosophes, qui comme luy sont parvenus à la connoissance de cette ſublime Philoſophie, par la penétration de leur eſprit, & par la force de leurs raiſonnemens : mais depuis que cette ſcience a eſté eſcrite, & que la connoiſſance generale, dont je viens de donner une idée, ſe trouve dans les bons livres; la lecture, & la meditation, le bon ſens & une ſuffiſante pratique de la Chimie, peuvent donner preſque, toutes les lumieres neceſſaires, pour acquerir la connoiſſance de cette ſupreme Philoſophie; ſi vous y adjoutez la droiture du cœur, & de l'intention, qui attirent la benediction du Ciel ſur les operations du ſage, ſans quoy il eſt impoſſible de reüſſir.

PYROPHILE.

Vous me donnés une joye tres-ſenſible. J'ay beaucoup leu ; j'ay medité encore davantage; je me ſuis exercé dans la pratique de la Chimie ; j'ay verifié le dire d'Artephius, qui aſſeure *que celui-là ne connoit pas la compoſition des metaux, qui ignore comment il les faut detruire*, & ſans cette deſtruction, il eſt impoſſible d'extraire l'humidité metallique, qui eſt la veritable clef de l'art ; de ſorte que je puis m'aſſeurer d'avoir acquis la plus grãde partie des qualitez, qui, ſelon vous, ſont requiſes en celuy qui aſpire à ces

grandes connoiſſances; j'ay de plus un avantage bien particulier, c'eſt la bonté que vous avez, de vouloir bien me faire part de vos lumieres, en éclairciſſant mes doutes; permettez moy donc de continuer, & de vous demander, ſur quel fondement l'Or fait un ſi grand outrage à la Pierre des Philoſophes, *l'appellant un* 8
vers venimeux, & la traittant d'ennemie des hommes, & des metaux.

EUDOXE.

Ces expreſsions ne doivent pas vous paroiſtre étranges. Les Philoſophes mêmes appellent leur pierre *Dragon, & Serpent, qui infecte toutes choſes par ſon venin.* Sa ſubſtance en effet, & ſa vapeur ſont un poiſon, que le Philoſophe doit ſçavoir changer en Theriaque, par la preparation, & par la cuiſſon. La pierre de plus eſt l'ennemie des metaux, puis qu'elle les detruit, & les devore. Le Coſmopolite dit qu'il y a un metail, & un acier, *qui eſt comme l'eau des metaux, qui a le pouvoir de conſumer les metaux, qu'il n'y a que l'humide radical du ſoleil & de la lune, qui puiſſent lui reſiſter.* Prenez garde cependant, de ne pas confondre icy la Pierre des Philoſophes avec la Pierre philoſophale; parceque ſi la premiere comme un veritable dragon, détruit, & devore les metaux imparfaits; la seconde comme une souveraine medecine, les transmuë en metaux parfaits; & rend les parfaits plusque parfaits, & propres à parfaire les imparfaits.

PYROPHILE.

Ce que vous me dites ne me confirme pas seulement dans les connoissances que j'ay acquises par la lecture, par la meditation, & par la pratique; mais encore me donne de nouvelles lumieres, à l'esclat desquelles, je sens dissiper les tenebres, sous lesquelles les plus importantes verités Philosophiques m'ont paru voilées jusques à present. Aussi je conclus par les termes de nostre Autheur qu'il faut que les plus grands Medecins se trompent, en croyant *que la medecine universelle est*
9 *dans l'or vulgaire.* Faites-moy la grace de me dire ce que vous en pensés.

EUDOXE.

Il n'y a point de doute que l'or possede de grandes vertus, pour la conservation de la santé, & pour la guerison des plus dangereuses maladies. Le cuivre, l'estain, le plomb, & le fer sont tous les jours utilement employés par les Medecins; de même que l'argent; parce que leur solution, ou decomposition, qui manifeste leus proprietés, est plus facile que ne l'est celle de l'or; c'est pourquoy plus les preparations que les artistes ordinaires en font, ont de rapport aux principes, & à la pratique de nostre art; plus elles font paroistre les merveilleuses vertus de l'or; mais je vous dis en verité, que sans la connoissance de nostre magistere, qui seul enseigne la destruction essentiele de l'or, il est impossible d'en faire la medecine universelle; mais le sage peut la faire beaucoup plus aisément avec l'or des Philosophes, qu'avec l'or vulgaire: aussi voyés-vous que cet Autheur fait répondre à l'or par la pierre, *qu'il doit bien plustost se fâcher contre Dieu de ce qu'il ne luy a pas donné les avantages, dont il a bien voulu la doüer elle seule.*

PYROPHILE.

A cette premiere injure que l'Or fait à la Pierre, il en adjoute une seconde, *l'appellant fugitive, & trompeuse, qui abuse tous ceux qui fondent en elle quelque esperance.* Apprenés-moy, je vous prie, comment on doit soûtenir l'innocence de la pierre, & la justifier d'une calomnie de cette nature.

EUDOXE.

Souvenés-vous des remarques que je

vous ay desja fait faire, touchant les trois estats differens de la pierre; & vous connoistrez comme moy, qu'il faut qu'elle soit dans son commencement toute volatile, & par consequent fugitive, pour estre deputée de toutes sortes de terrestreïtés, & reduite de l'imperfection à la perfection que le magistere lui donne dans ses autres estats; c'est pourquoy l'injure que l'or pretend luy faire, tourne à sa loüange; d'autant que si elle n'étoit volatile, & fugitive dans son commencement, il seroit impossible de lui donner à la fin la perfection, & la fixité qui lui sont necessaires; de sorte que si elle trompe quelqu'un, elle ne trompe que les ignorans: mais elle est toûjours fidele aux enfans de la science.

PYROPHILE.

Ce que vous me dites est une verité constante: j'avois appris de Geber qu'il n'y avoit que les esprits, c'est à dire, *les substances volatiles, capables de penétrer les corps, de s'unir à eux, de les changer, de les teindre, & de les perfectionner; lors que ces esprits ont esté depoüillés de leurs parties grossieres, & de leur humidité adustible.* Me voilà pleinement satisfait sur ce point: mais comme je vois que la pierre a un extreme mépris pour l'or, & qu'elle se glorifie *de contenir dans son sein un or infiniment plus precieux*; faites moy la grace de me dire, de combien de sortes d'or les Philosophes reconnoissent.

EUDOXE.

Pour ne vous laisser rien à desirer touchant la theorie & la pratique de nostre Philosophie, je veux vous apprendre que selon les Philosophes il y a trois sortes d'or.

Le premier est un or astral, dont le centre est dans le soleil, qui par ses rayons le communique en mesme temps que sa lumiere, à tous les astres, qui luy sont inferieurs. C'est une substance ignée, & une continuelle emanation de corpuscules solaires, qui par le mouvement du soleil, & des astres, étant dans un perpetuel flux & reflux, remplissent tout l'univers; tout en est penetré dans l'estenduë des cieux sur la terre, & dans ses entrailles, nous respirons continuellement cet or astral, ces particules solaires penetrent nos corps & s'en exhalent sans cesse.

Le second est un or elementaire, c'est à dire qu'il est la plus pure, & la plus fixe portion des Elemens, & de toutes les substances, qui en sont composées; de sorte que tous les êtres sublunaires des trois genres, contiennent dans leur centre un précieux grain de cet or elementaire.

Le troisiéme est le beau metail, dont l'éclat, & la perfection inalterables, lui donnent un prix, qui le fait regarder de tous les hommes, comme le souverain remede de tous les maux, & de toutes les necessités de la vie, & comme l'unique fondement de l'independence de la grandeur, & de la puissance humaine; c'est pourquoi il n'est pas moins l'objet de la convoitise des plus grands Princes, que celuy des souhaits de tous les peuples de la terre.

Vous ne trouverés plus de difficulté aprés cela, à conclure, que l'or metallique n'est pas celuy des Philosophes, & que ce n'est pas sans fondement, que dans la querelle dont il s'agit icy, la pierre luy reproche, qu'il n'est pas tel, qu'il pense estre: mais que c'est elle, qui cache dans son sein le veritable or des Sages, c'est-à-dire les deux premieres sortes d'or, dont je viens de parler: car vous devez sçavoir que la pierre estant la plus pure portion des Elemens metalliques,

liques, aprés la ſeparation, & la purification, que le ſage en a fait, il s'enſuit qu'elle eſt proprement l'or de la ſeconde eſpece; mais lors que cet or parfaitement calciné, & exalté juſques à la netteté, & à la blancheur de la neige, a acquis par le magiſtere une ſympatie naturelle avec l'or aſtral, dont il eſt viſiblement devenu le veritable aiman, il attire, & il concentre en lui meſme une ſi grande quantité d'or aſtral, & de particules ſolaires, qu'il reçoit de l'emanation continuelle qui s'en fait du centre du ſoleil, & de la lune, qu'il ſe trouve dans la diſpoſition prochaine d'eſtre l'or vivant des Philoſophes, infiniment plus noble, & plus precieux, que l'or metallique, qui eſt un corps ſans ame, qui ne ſçauroit eſtre vivifié, que par nôtre or vivant, & par le moyen de noſtre magiſtere.

PYROPHILE.

Combien de nuages vous diſſipés dans mon eſprit, & combien de miſteres Philoſophiques vous me developés tout à la fois, par les choſes admirables que vous venez de me dire ! je ne pourray jamais vous en remercier autant que je le dois. Je vous avoüe que je ne ſuis plus ſurpris aprés cela, que la Pierre pretende la pre-

ferençe au dessus de l'or,& qu'elle méprise son éclat,& son merite imaginaires; puisque la moindre partie de ce qu'elle donne aux Philosophes, vaut plus que tout l'or du monde. Ayés, s'il vous plaît, la bonté de continuer à mon égard, comme vous avés commencé ; & faites-moy la grace de me dire comment la pierre peut
12 se faire honneur *d'estre une matiere fluide, & non-permanente*; puisque tous les Philosophes veulent qu'elle soit plus fixe, que l'or même?

EUDOXE.

Vous voyés que vostre Autheur asseure, que la fluidité de la pierre tourne à l'avantage de l'Artiste ; mais il adjoute qu'il faut en même temps, que l'Artiste sçache la maniere d'extraire cette fluidité, c'est à dire cette humidité, qui est la cause de sa fluidité, & qui est la seule chose, dont le Philosophe a besoin, comme je vous l'ay déja dit ; de sorte qu'estre fluide, volatile, & non-permanente, sont des qualités autant necessaires à la Pierre dans son premier estat, comme le sont la fixité, & la permanance, lors qu'elle est dans l'estat de sa derniere perfection ; c'est donc avec raison qu'elle s'en glorifie d'autant plus justement, que cette fluidité n'empêche point, qu'elle ne soit doüée d'une ame plus fixe, que n'est l'or : mais je vous dis encore une fois, que le grand secret consiste, à sçavoir la maniere de tirer l'humidité de la pierre. Je vous ay adverti, que c'est là veritablement la plus importante clef de l'art. Aussi est-ce sur ce point, que le grand Hermes s'écrie, *Benite soit la forme aqueuse qui dissout les Elemens.* Heureux donc l'Artiste qui ne connoist pas seulement la Pierre ; mais qui sçait de plus la convertir en eau. Ce qui ne peut se faire par aucun autre moyen, que par nostre feu secret, qui calcine, dissout, & sublime la pierre.

PYROPHILE.

D'où vient donc *qu'entre cent Artistes,* 13
il s'en trouve à peine un qui travaille avec la Pierre, & qu'au lieu de s'attacher tous à cette seule, & unique matiere, seule capable de produire de si grandes merveilles, ils s'appliquent au contraire presque tous à des sujets, qui n'ont aucune des qualités essentielles, que les Philosophes attribuent à leur pierre ?

EUDOXE.

Cela vient en premier lieu de l'ignorance des Artistes, qui n'ont point autant de connoissance, qu'ils devroient en avoir, de la nature, ny de ce qu'elle est capable d'operer, en chaque chose: & en second lieu, cela vient d'un manque de penetration d'esprit, qui fait qu'ils se laissent aisement tromper aux expressions equivoques, dont les Philosophes se servent, pour cacher aux ignorans, & la matiere & ses veritables preparations. Ces deux grãds defauts sont cause, que ces artistes prenent le change, & s'atachent à des sujets ausquels ils voyent quelques unes des qualités exterieures de la veritable matiere Philosophique, sans faire reflexion aux caracteres essentiels, qui la manifestent aux Sages.

PYROPHILE.

Je reconnois evidemment l'erreur de ceux qui s'imaginent que l'or, & le Mercure vulgaires sont la veritable matiere des Philosophes; & j'en suis fort persuadé, voyant combien est foible le fondement sur lequel l'or s'appuye, pour pretendre cet avantage au dessus de la pierre, alleguant en sa faveur ces paroles d'Hermes, *le Soleil est son pere, & la Lune est sa*
14 *mere.*

EUDOXE.

Ce fondement est frivole; je viens de

vous faire voir ce que les Philosophes entendent, lors qu'ils attribuent au Soleil & à la Lune les principes de la pierre. Le Soleil, & les astres en sont en effet la premiere cause; ils influent à la pierre l'esprit, & l'ame, qui lui donnent la vie, & qui font toute son efficace. C'est pourquoi ils en sont le Pere & la Mere.

PYROPHILE.

Tous les Philosophes disent, comme
celuy-cy, *que la Teinture Phisique est compo-*
sée d'un soufre rouge, & incombustible, & 15
d'un Mercure clair, & bien purifié: cette au-
thorité est elle plus forte, que la precedente, pour devoir faire conclure que l'Or, & le Mercure sont la matiere de la pierre?

EUDOXE.

Vous ne devés pas avoir oublié, que tous les Philosophes declarent unanimement, que l'or & les metaux vulgaires ne sont pas leurs metaux; que les leurs sont vivans, & que les autres sont morts; vous ne devés pas avoir oublié non plus que je vous ay fait voir par l'authorité des Philosophes, appuyée sur les principes de la nature, que l'humidité metallique de la pierre preparée & purifiée, contient inseparablement dans son sein le soufre & le Mercure des Philosophes ; qu'elle est par consequent cette seule chose d'une seule & même espece, à laquelle on ne doit rien adjouter ; & que le seul Mercure des sages a son propre soufre, par le moyen duquel il se coagule, & se fixe ; vous devés donc tenir pour une verité indubitable, que le mélange artificiel d'un souffre, & d'un Mercure, quels qu'ils puissent estre, autres que ceux qui sont naturellement dans la pierre, ne sera jamais la veritable confection Philosophique.

PIROPHILE.

16 Mais *cette grande amitié naturelle qui est entre l'Or & le Mercure, & l'union qui s'en fait si aisément*, ne sont-ce pas des preuves, que ces deux substances doivent se convertir par une digestion convenable, en une parfaite Teinture ?

EUDOXE.

Rien n'est plus absurde que cela : car quand tout le Mercure, qu'on mêlera avec l'or, se convertiroit en or ; ce qui est impossible ; ou que tout l'or se convertiroit en Mercure, ou bien en une moyenne substance ; il ne se trouveroit jamais plus de teinture solaire dans cette confection, qu'il y en avoit dans l'or, qu'on auroit mêlé avec le Mercure ; & par consequent elle n'auroit aucune vertu tingeante, ni aucune puissance multiplicative. Outre qu'on doit tenir pour constant, qu'il ne se fera jamais une parfaite union de l'or, & du Mercure ; & que ce fugitif compagnon abandonnera l'or aussi-tôt qu'il se sentira pressé par l'action du feu.

PYROPHILE.

Je ne doute en aucune maniere de ce que vous venez de me dire; c'est là le sentiment conforme à l'experience des plus solides Philosophes, qui se declarent ouvertement contre l'Or, & le Mercure vulgaires : mais il me vient en même temps un scrupule, sur ce qu'estant vray que les Philosophes ne disent jamais moins la verité, que lors qu'ils l'expliquent ouvertement, ne pourroient-ils pas, touchant l'exclusion évidente de l'or, abuser ceux qui prennent leurs paroles à la lettre ? ou bien doit-on tenir pour asseuré, comme
dit cet Autheur, *que les Philosophes ne ma-* 17
nifestent leur Art, que lors qu'ils se servent de similitudes, de figures & de paraboles ?

EUDOXE.

Il y a bien de la difference, entre declarer positivement, que telle ou telle matiere n'eſt pas le veritable ſujet de l'art, comme ils font touchant l'or, & le Mercure; & donner à connoître ſous des figures, & des allegories, les plus importans ſecrets, aux enfans de la ſcience, qui ont l'avantage de voir clairement les verités Philoſophiques, à travers les voiles enigmatiques, dont les Sages ſç; vent les couvrir. Dans le premier cas, les Philoſophes diſent negativement la verité ſans équivoque; mais lors qu'ils parlent affirmativement, & clairement ſur ce ſujet, on peut conclure, que ceux qui s'attacheront au ſens litteral de leurs paroles, ſeront indubitablement trompés. Les Philoſophes n'ont point de moyen plus aſſeuré, pour cacher leur ſcience à ceux qui en ſont indignes, & la manifeſter aux Sages, que de ne l'expliquer que par des allegories dans les points eſſentiels de leur art; c'eſt ce qui fait dire à Artephius, que *cet art eſt entierement Cabaliſtique*, pour l'intelligence duquel, on a beſoin d'une eſpece de revelation; la plus grande penetration d'eſprit, ſans le ſecours d'un fidel ami, qui poſſede ces grandes lumieres, n'eſtant pas ſuffiſante, pour demêler le vray d'avec le faux: auſſi eſt-il comme impoſſible, qu'avec le ſeul ſecours des livres, & du travail, on puiſſe parvenir à la connoiſſance de la matiere, & encore moins à l'intelligence d'une pratique ſi ſinguliere, toute ſimple, toute naturelle, & toute facile qu'elle puiſſe eſtre.

PYROPHILE.

Je reconnois par ma propre experience, combien eſt neceſſaire le ſecours d'un veritable ami, tel que vous l'eſtes. Au defaut dequoi il me ſemble que les Artiſtes, qui ont de l'eſprit, du bon ſens, & de la probité, n'ont point de meilleur moyen, que de conferer ſouvent enſemble, tant ſur les lumieres qu'ils tirent de la lecture des bons livres, que ſur les découvertes qu'ils font par leur travail; afin que de la diverſité, & du chocq, pour ainſi dire, de leurs differens ſentimens; il naiſſe de nouvelles étincelles de clarté, à la faveur deſquelles ils puiſſent porter leurs decouvertes, juſques au dernier terme de cette ſecrete ſcience. Je ne doute pas que vous n'approuviés mon opinion : mais comme je ſçay que pluſieurs Artiſtes traittent de viſion, & de paradoxe le ſentiment des Autheurs,
qui ſoutiennent avec celui-cy, *qu'on doit* 18
chercher la perfection dans les choſes impar-

faites, je vous feray extrémement obligé, si vous voulés bien me dire vostre sentiment sur un point, qui me paroit d'une grande consequence.

EUDOXE.

Vous estes déja persuadé de la sincerité, & de la bonne foy de vostre Autheur; vous devés d'autant moins la revoquer en doute sur ce point, qu'il s'accorde avec les veritables Philosophes; & je ne sçaurois mieux vous prouver la verité de ce qu'il dit icy, qu'en me servant de la même raison qu'il en donne, aprés le sçavant Raimond Lulle. Car il est constant que la nature s'arreste à ses productions, lors qu'elle les a conduites jusques à l'état, & à la perfection qui leur convient; par exemple, lorsque d'une eau minerale tres-claire & tres-pure, teinte par quelque portion de souffre metallique, la nature produit une pierre precieuse, elle en demeure là; comme elle fait, lorsque dans les entrailles de la terre, elle a formé de l'Or, avec l'eau Mercurielle, mere de tous les metaux, impregnée d'un pur souffre solaire; de sorte que comme il n'est pas possible de rendre un diamant, ou un rubis, plus precieux qu'il n'est en son espece; de même il n'est pas au pouvoir de l'Artiste, je dis bien plus, il n'est pas au pouvoir même de la nature, de pousser l'or à une plus grande perfection que celle qu'elle luy a donnée : le seul Philosophe est capable de porter la nature depuis une imperfection indeterminée, jusques à la plusqué-perfection. Il est donc necessaire, que nôtre Magistere produise quelque chose de plusque-parfait, & pour y parvenir le Sage doit commencer par une chose imparfaite, laquelle estant dans le chemin de la perfection, se trouve dans la disposition naturelle à estre portée, jusques à la plusque-perfection, par le secours d'un art tout divin, qui peut aller au delà du terme limité de la nature ; & si nôtre art ne pouvoit rendre un sujet plusque-parfait, on ne pourroit non plus rendre parfait, ce qui est imparfait, & toute nostre Philosophie seroit une pure vanité.

PYROPHILE.

Il n'y a personne qui ne doive se rendre à la solidité de vos raisonnemens : mais ne diroit-on pas, que cet Autheur se contredit icy manifestement, lors qu'il fait dire à la pierre, que le Mercure commun (quelque bien purgé qu'il puisse estre) n'est pas le Mercure des Sages ;

par aucune autre raiſon, ſinon *à cauſe*
19 *qu'il eſt imparfait*; puiſque ſelon lui, s'il
eſtoit parfait, on ne devroit pas chercher
en lui la perfection.

EUDOXE.

Prenez bien garde à cecy, & concevés bien, que ſi le Mercure des Sages a eſté eſlevé par l'art d'un eſtat imparfait, à un eſtat parfait, cette perfection n'eſt pas de l'ordre de celle, à laquelle la nature s'arrête dans la production des choſes, ſelon la perfection de leurs eſpeces, telle qu'eſt celle du Mercure vulgaire; mais au contraire la perfection que l'art donne au Mercure des Sages, n'eſt qu'un eſtat moyen, une diſpoſition, & une puiſſance, qui le rend capable d'eſtre porté par la continuation de l'œuvre, juſques à l'eſtat de la pluſque-perfection, qui lui donne la faculté par l'accompliſſement du Magiſtere, de perfectionner enſuite les imparfaits.

PYROPHILE.

Ces raiſons toutes abſtraites qu'elles ſont, ne laiſſent pas d'eſtre ſenſibles, & de faire impreſſion ſur l'eſprit : pour moi je vous avoüe que j'en ſuis entierement convaincu; ayés la bonté, je vous prie, de ne pas vous rebuter de la continuation de mes demandes. Nostre Autheur asseure que l'erreur dans laquelle les Artistes tombent, en prenant l'or, & le Mercure vulgaires, pour la veritable matiere de la pierre, abusés en cela par le sens litteral des Philosophes, *est la grande pierre d'achopement d'un miliers de personnes*; pour moi je ne sçay comment avec la lecture, & le bon sens, on peut s'attacher à une opinion, qui est visiblement condamnée par les meilleurs Philosophes?

EUDOXE.

Cela est pourtant ainsi. Les Philosophes ont beau recommander qu'on ne se laisse pas tromper au Mercure, ny même à l'or vulgaire; la plûpart des artistes s'y attachent neanmoins opiniatrément, & souvent aprés avoir travaillé inutilement pendant le cours de plusieurs années, sur des matieres estrangeres, reconnoissent enfin la faute qu'ils ont faite; ils viennent cependant à l'or, & au Mercure vulgaires, dans lesquels ils ne trouvent pas mieux leur compte. Il est vrai qu'il y a des Philosophes, qui paroissant d'ailleurs fort sinceres, jettent neanmoins les Artistes dans cette erreur; soutenant fort serieusement, que ceux qui ne connoissent pas l'or des Philosophes, pourront toutesfois le trouver dans l'or commun, cuit avec le Mercure des Philosophes. Philalethe est de ce sentiment; il asseure que le Trevisan, Zachaire, & Flamel ont suivi cette voye ; il ajoute cependant *qu'elle n'est pas la veritable voye des Sages ; quoy qu'elle conduise à la même fin.* Mais ces asseurances toutes sinceres qu'elles paroissent, ne laissent pas de tromper les Artistes; lesquels voulant suivre le même Philalethe, dás la purification & l'animation, qu'il enseigne, du Mercure commun, pour en faire le Mercure des Philosophes, (ce qui est une erreur tres-grossiere sous laquelle il a caché le secret du Mercure des Sages) entreprenent sur sa parole un ouvrage tres-penible & absolument impossible ; aussi aprés un long travail plein d'ennuys, & de dangers, ils n'ont qu'un Mercure un peu plus impur, qu'il n'estoit auparavant, au lieu d'un Mercure animé de la quintessence celeste : erreur deplorable, qui a perdu, & ruiné, & qui ruinera encore un grand nombre d'Artistes.

PYROPHILE.

C'est un grand avantage de pouvoir se faire sage aux dépens d'autruy : pour moy je tâcheray de profiter de cette erreur, en suivant les bons Philosophes,

& en me conduisant selon les lumieres que vous me faites la grace de me donner. Une des choses qui contribuë le plus à l'aveuglement des Artistes, qui s'attachent à l'Or, & au Mercure, est le dire cómun des Philosophes, sçavoir que leur pierre est composée de mâle & de femelle, que l'Or tient lieu de mâle, selon eux, & le Mercure de femelle; je sçay bien,
(ainsi que le dit mon Autheur) *qu'il n'en* 12
est pas de même avec les metaux, qu'avec les choses qui ont vie; cependant je vous serai sensiblement obligé, si vous voulés bien avoir la bonté de m'expliquer en quoy consiste cette difference.

EUDOXE.

C'est une verité constante, que la copulation du mâle, & de la femelle est ordonnée de la nature, pour la generation des animaux; mais cette union du mâle & de la femelle pour la production de l'elixir, ainsi que pour celle des metaux, est purement allegorique, & n'est non plus necessaire, que pour la production des vegetaux, dont la semence contient seule tout ce qui est requis, pour la germination, l'accroissement, & la multiplication des Plantes. Vous remarquerez donc que la matiere Philosophique, ou le Mercure des Philosophes, est une veritable semence, laquelle bien qu'homogene en sa substance, ne laisse pas d'être d'une double nature ; c'est-à-dire, qu'elle participe également de la nature du souffre, & de celle du Mercure metalliques, intimement & inseparablement unis, dont l'un tient lieu de mâle, & l'autre de femelle : c'est pourquoy les Philosophes l'appellent Hermaphrodite, c'est-à-dire qu'elle est doüée des deux sexes ; en sorte que sans qu'il soit besoin du mélange d'aucune autre chose, elle suffit seule pour produire l'enfant Philosophique, dont la famille peut être multipliée à l'infini; de même qu'un grain de bled pourroit avec le tems, & la culture, en produire une assés grande quantité, pour ensemencer un vaste champ.

PYROPHILE.

Si ces merveilles sont aussi réelles, qu'elles sont vray-semblables, on doit avoüer que la science, qui en donne la connoissance, & qui en enseigne la pratique, est presque surnaturelle, & divine : mais pour ne pas m'écarter de mon Autheur, dites moy, je vous prie, si la pierre n'est pas bien hardie de soutenir hautement, & sans en alleguer des raisons bien

bien-pertinentes, *que sans elle il est impossible de faire aucun or, ny aucun argent, qui soient veritables.* l'Or lui dispute cette qualité, appuyé sur des raisons, qui ont beaucoup de vray-semblance ; & il luy met devant les yeux ses grandes defectuosités, comme d'estre une matiere crasse, impure, & venimeuse ; & que lui au contraire est une substance pure, & sans defauts ; de maniere qu'il me semble, que cette haute pretention de la pierre, combatuë par des raisons, qui ne paroissent pas estre sans fondement, meritoit bien d'estre soutenuë, & prouvée par de fortes raisons.

EUDOXE.

Ce que j'ay dit cy devant est plus que suffisant, pour establir la prééminence de la pierre, au dessus de l'or, & de toutes les choses creées : si vous y prenez garde, vous reconnoîtrés que la force de la verité est si puissante, que l'or en voulant décrier la pierre, par les deffauts qu'elle a en sa naissance, establit sans y penser sa superiorité, par la plus solide des raisons, que la pierre puisse alleguer elle-même en sa faveur. La voicy.

L'or avouë, & reconnoit que la pierre fonde son droit de prééminence, sur

ce *qu'elle est une chose universelle.* En faut-il
23 davântage, pour la condamnation de l'or, & pour l'obliger de ceder à la pierre? vous n'ignorés pas de combien la matiere universelle est au dessus de la matiere particuliere. Vous venés de voir, que la pierre est la plus pure portion des Elemens metalliques, & que par consequent elle est la matiere premiere du genre mineral & metallique, & que lors que cette même matiere a été animée, & fécondée par l'union naturelle, qui s'en fait avec la matiere purement universelle, elle devient la pierre vegetable, seule capable de produire tous les grands effets, que les Philosophes attribuent aux trois medecines des trois genres. Il n'est pas besoin de plus fortes raisons, pour debouter une fois pour toutes, l'or & le Mercure vulgaires, de leurs pretentions imaginaires; l'or & le Mercure, & toutes les autres substances particulieres, dans lesquelles la nature finit ses operations, soit qu'elles soient parfaites, soit qu'elles soient absolument imparfaites, sont entierement inutiles, ou contraires à nôtre art.

PYROPHILE.

J'en suis tout convaincu; mais je connois plusieurs personnes, qui traittent la pierre de ridicule, de vouloir disputer d'ancienneté avec l'or. Cet Autheur-cy soutient ce même paradoxe, & reprend l'or sur ce qu'il perd le respect à la pierre, en donnant un dementi *à celle qui est plus âgée que lui.* Cependant comme la pierre tire son origine des metaux, il me paroît difficile de comprendre le fondement de son ancienneté.

EUDOXE.

Il n'est pas bien mal-aisé de vous satisfaire là dessus: Je m'estonne même que vous ayés formé ce doute; la pierre est la premiere matiere des metaux, & par consequent elle est devant l'or, & devant tous les metaux; & si elle en tire son origine, ou si elle naist de leur destruction, ce n'est pas à dire, qu'elle soit une production posterieure aux metaux; mais au contraire elle leur est anterieure, puis qu'elle est la matiere dont tous les metaux ont esté formés. Le secret de l'art consiste à sçavoir extraire des metaux cette premiere matiere, ou ce germe metallique, qui doit vegeter par la fecondité de l'eau de la mer Philosophique.

PYROPHILE.

Me voilà convaincu de cette verité, & je trouve que l'or n'est pas excusable, de manquer de respect pour son ainée, qui a dans son parti les plus anciens, & les plus grands Philosophes. Hermes, Platon, Aristote sont dans ses interests, Personne n'ignore qu'ils ne soient sur cette dispute, des Juges irrecusables. Permettés moi seulement de vous faire une question sur chacun des passages de ces Philosophes, que la pierre a cités ici, pour prouver par leur authorité, qu'elle est la seule, & veritable matiere des sages.

Le passage de la Table-d'émeraude du grand Hermes, prouve l'excellence de la pierre, en ce qu'il fait voir que la pierre est doüée de deux natures, sçavoir de celle des Estres superieurs, & de celle des estres inferieurs; & que ces deux natures, toutes semblables, ont une seule & mesme origine; de sorte que nous devons conclure, qu'estant parfaitement unies en la pierre, elles composent un tiers estre d'une vertu ineffable: mais je ne sçay si vous serez de mon sentiment, touchant la traduction de ce passage & le commentaire d'Hortulanus, On lit aprés ces mots: Ce *qui est en bas est comme ce qui est en haut ; & ce qui est en haut est comme ce qui est en bas*. On lit (dis-je) *pour faire les miracles d'une seule chose*. Pour moy je trouve que l'original Latin a tout un autre sens : car le *quibus*, qui fait la liaison des dernieres paroles avec les precedentes, veut dire que *par ces choses* (c'est-à-dire par l'union de ces deux natures) *on fait les miracles d'une seule chose*. Le *pour* dont le traduteur, & le commentateur se sont servis, detruit le sens, & la raison d'un passage, qui est de lui même fort juste, & fort intelligible. Dites-moy, s'il vous plait, si ma remarque est bien fondée.

EUDOXE.

Non seulement vostre remarque est fort juste ; mais encore elle est tres-importante. Je vous avouë que je n'y avois jamais fait reflexion ; vous faites en cecy mentir le proverbe, veu que le disciple s'esleve au dessus du maistre. Mais comme j'avois leu la table-d'émeraude plus souvent en Latin, qu'en François ; le defaut de la traduction & du commentaire ne m'avoit point causé d'obscurité, comme elle peut faire à ceux, qui ne lisent qu'en François ce sommaire de la sublime Philosophie d'Hermes. En effet la nature superieure, & la nature inferieure ne sont pas semblables, pour operer des miracles ; mais c'est parce qu'elles sont semblables, qu'on peut par elles faire les miracles d'une seule chose. Vous voyés donc que je suis tout-à-fait de vôtre sentiment.

PYROPHILE.

Je me sçai bon gré de ma remarque : je doutois qu'elle pust meriter vostre approbation ; & je m'asseure aprés cela, que les enfans de la science me sçauront aussi quelque gré, d'avoir tiré de vous sur ce sujet un éclaircissement, qui satisfera sans doute les disciples du grād Hermes. On ne doute pas que le sçavant Aristote n'ait parfaitement connu le grand art. Ce qu'il en a écrit, en est une preuve certaine : aussi dans cette dispute la pierre sçait se prevaloir de l'authorité de ce grand Philosophe, par un passage qui contient ses plus singulieres, & plus surprenantes qualités. Ayés, s'il vous plait, la bonté de me dire comment vous entendés celles-cy : *Elle s'épouse elle même ;*
26 *elle s'engrosse elle même ; elle naist d'elle même.*

EUDOXE.

La pierre s'epouse elle même ; en ce que

dans sa premiere generation, c'est la nature seule aidée par l'art qui fait la parfaite union des deux substances, qui luy donnent l'estre, de laquelle resulte en même tems la depuration essentielle du souffre & du Mercure metalliques. Union & épousailles si naturelles, que l'artiste, qui y prête la main, en y apportant les dispositions requises, ne sçauroit en faire une demonstration par les regles de l'art; puis qu'il ne sçauroit même bien comprendre le mistere de cette union.

La Pierre s'engrosse elle-même; lors que l'art continuant d'aider la nature par des moyens tout naturels, met la pierre dans la disposition, qui luy convient, pour s'impregner elle-même de la semence astrale, qui la rend feconde, & multiplicative de son espece.

La Pierre naist d'elle-même: parce qu'aprés s'être épousée, & engrossée elle-même, l'art ne faisant autre chose que d'aider la nature, par la continuation d'une chaleur necessaire à la generation, elle prend une nouvelle naissance d'elle-même, tout de même que le Phenix renaist de ses cendres; elle devient le fils du soleil, la medecine universelle de tout ce qui a vie, & le veritable or vivant des Philosophes, qui par la continuation du secours de l'art, & du ministere de l'Artiste, acquiert en peu de tems le Diademe Royal, & la puissance souveraine sur tous ses freres.

PYROPHILE.

Je conçois fort bien, que sur ces mêmes principes, il n'est pas difficile de comprendre toutes les autres qualités, qu'Aristote attribuë à la pierre, comme *de se tüer elle même; de réprendre vie d'elle même; de se resoudre d'elle même dans son propre sang, de se coaguler de nouveau avec luy*, & d'acquerir enfin toutes les proprietés de la Pierre Philosophale. Je ne trouve même plus de difficultés aprés cela, dans le passage de Platon. Je vous prie toutesfois de vouloir bien me dire ce que cet ancien entend, avec tous ceux qui l'ont suivi, sçavoir, *que la pierre a un corps, une ame,*
27 *& un esprit; & que toutes choses sont d'elle, par elle, & en elle.*

EUDOXE.

Platon auroit deu dans l'ordre naturel, passer devant Aristote, qui estoit son disciple, & duquel il est vray-semblable, qu'il avoit appris la Philosophie secrete, dont il vouloit bien qu'Alexandre le Grand le crût parfaitement instruit; si on en juge par quelques endroits des écrits de ce Philosophe, mais cet ordre est peu important, & si vous examinez bien le passage de Platon, & celui d'Aristote, vous ne les trouverés pas beaucoup differens dans le sens : pour satisfaire neanmoins à la demande que vous me faites, je vous diray seulement que la pierre a un corps, puis qu'elle est, ainsi que je vous l'ai dit cy-devant, une substance toute metallique, qui luy donne le poids; qu'elle a une ame, qui est la plus pure substance des Elemens, dans laquelle consiste sa fixité, & sa permanance; qu'elle a un esprit, qui fait l'union de l'ame avec le corps; il luy vient particulierement de l'influence des astres, & il est le vehicule des teintures. Vous n'aurez pas non plus beaucoup de peine à concevoir, que *toutes choses sont d'elle, par elle, & en elle*; puisque vous avez déja veu, que la pierre n'est pas seulement la premiere matiere de tous les êtres contenus sous le genre mineral, & metallique; mais encore qu'elle est unie à la matiere universelle, dont toutes choses ont pris naissance; & c'est là le fondement des derniers attributs, que Platon donne à la Pierre.

PYROPHILE.

Comme je vois que la pierre ne s'attribuë pas ſeulement les proprietés univer-
28 ſelles, mais qu'elle pretend auſſi, *que le
ſuccez que quelques Artiſtes ont eu dans certains procedés particuliers, ſoit uniquement
venu d'elle*; Je vous avouë que j'ay quelque peine à comprendre, comment cela
s'eſt pû faire?

EUDOXE.

Ce Philoſophe l'explique toutes-fois aſſés clairement. Il dit que quelques Artiſtes qui ont connu imparfaitement la Pierre, & qui n'ont ſceu qu'une partie de l'œuvre, ayant cependant travaillé avec la pierre, & trouvé le moyen d'en ſeparer ſon eſprit, qui contient ſa teinture, ſont venus à bout d'en communiquer quelques parties à des metaux imparfaits, qui ont affinité avec la pierre mais que pour n'avoir pas eu une connoiſſance entiere de ſes vertus, ny de la maniere de travailler avec elle, leur travail ne leur a pas apporté une grande utilité; outre que le nombre de ces Artiſtes eſt aſſeurement tres-petit.

PYROPHILE.

Il eſt naturel de conclure par ce que vous venez de me dire, qu'il y a des personnes qui ont la pierre entre les mains, sans connoistre toutes ses vertus,ou bien, s'ils les connoissent, ils ne sçavent pas comment on doit travailler avec elle, pour réussir dans le grand œuvre, & que cette ignorance est cause que leur travail n'a aucun succez. Je vous prie de me dire si cela est ainsi.

EUDOXE.

Sans doute plusieurs Artistes ont la pierre en leur possession ; les uns la méprisent, comme une chose vile ; les autres l'admirent, à cause des caracteres en quelque façon surnaturels, qu'elle apporte en naissant, sans connoistre cependant tout ce qu'elle vaut. Il y en a enfin qui n'ignorent pas, qu'elle est le veritable sujet de la Philosophie ; mais les operatiōs que les enfans de l'art doivent faire sur ce noble sujet, leur sont entierement inconnuës, par ce que les livres ne les enseignent pas, & que tous les Philosophes cachêt cet art admirable qui convertit la pierre en Mercure des Philosophes, & qui aprend de faire de ce Mercure la Pierre Philosophale. Cette premiere pratique est l'œuvre secret, touchant lequel les Sages ne s'énoncent que par des Allegories, & par des enigmes impenetrables, ou bien ils n'en parlent point du tout. C'est là, comme j'ay dit, la grande pierre d'achopement, contre laquelle presque tous les Artistes trebuchent.

PYROPHILE.

Heureux ceux qui possedent ces grandes connoissances! Pour moy, je ne puis me fletter d'estre arrivé à ce point : je ne suis qu'en peine de sçavoir, comment je pourray assés vous remercier, de m'avoir donné tous les éclaircissemens, que je pouvois raisonnablement souhaiter de vous, sur les endroits les plus essentiels de cette Philosophie, ainsi que sur tous les autres, touchant lesquels vous avez bien voulu répondre à mes questions; je vous prie instamment, de ne pas vous lasser, j'en ay encore quelques-unes à vous faire qui me paroissent d'une tres-grande consequence. Ce Philosophe asseure, que l'erreur de ceux qui ont travaillé avec la pierre, & qui n'y ont pas réüssi, est ve-
29 nuë *de ce qu'ils n'ont pas connu l'origine d'où viennent les teintures.* Si la source de cette fontaine Philosophique est si secrete, & si difficile à découvrir; il est constant qu'il y a bien de gens trompés : car ils croyent tous generalement que les me-

taux, & les mineraux, & particulierement l'or, contiennent dans leur centre cette teinture capable de transmuer les metaux imparfaits.

EUDOXE.

Cette source d'eau vivifiante *est devant les yeux de tout le monde*, dit le Cosmopolite, *& peu de gens la connoissent.* L'or, l'argent, les metaux, & les mineraux ne contiennent point une teinture multiplicative jusques à l'infini; il n'y a que les metaux vivants des Philosophes, qui ayent obtenu de l'art, & de la nature, cette faculté multiplicative : mais aussi il n'y a que ceux qui sont parfaitement éclairés dans les misteres Philosophiques, qui connoissent la veritable origine des teintures. Vous n'estes pas du nombre de ceux qui ignorent, où les Philosophes puisent leurs tresors, sans crainte d'en tarir la source. Je vous ay dit clairement, & sans ambiguité, que le Ciel, & les astres, mais particulierement le soleil & la lune sont le principe de cette fontaine d'eau vive, seule propre à operer toutes les merveilles, que vous sçavés. C'est ce qui fait dire au Cosmopolite dans son énigme, que dans l'Isle delicieuse, dont il fait la description, il n'y avoit point d'eau ; que toute celle qu'on s'efforçoit d'y faire venir, par machines, & par artifices, *estoit ou inutile, ou empoisonnée, excepté celle, que peu de personnes sçavoient extraire des rayons du soleil, ou de la lune.* Le moyen de faire descendre cette eau du Ciel, est certes merveilleux ; il est dans la pierre, qui contient l'eau centrale, laquelle est veritablement une seule & même chose avec l'eau celeste, mais le secret consiste à sçavoir convertir la pierre en un Aiman, qui attire, embrasse, & unit à soy cette quintessence astrale, pour ne faire ensemble qu'une seule essence, parfaite & plusque-parfaite, capable de donner la perfection aux imparfaits, aprés l'accomplissement du Magistere.

PYROPHILE.

Que je vous ay d'obligations, de vouloir bien me reveler de si grands misteres à la connoissance desquels je ne pouvois jamais esperer de parvenir, sans le secours de vos lumieres! mais puisque vous trouvés bon que je continuë, permettés moy, s'il vous plait, de vous dire, que je n'avois point veu jusques icy un Philosophe qui eust aussi precisemẽt declaré que fait celui-cy, qu'il falloit donner une femme à

la pierre, la faisant parler de cette sorte. *Si ces Artistes avoient porté leur recherche plus loin, & qu'ils eussent examiné quelle est la femme qui m'est propre ; qu'ils l'eussent cherchée* 30
& qu'ils m'eussent uni à elle ; c'est alors que j'aurois pû teindre mille-fois davantage. Bien que je m'apperçoive en general que ce passage a une entiere relation avec le precedent, je vous avoüe neanmoins que cette expression, d'une femme convenable à la pierre, ne laisse pas de m'embarrasser.

EUDOXE.

C'est beaucoup cependant, que vous connoissiez déja de vous-même, que ce passage a de la connexité avec celui que je viens de vous expliquer ; c'est à dire que vous jugez bien que la femme qui est propre à la pierre, & qui doit lui être unie, est cette fontaine d'eau vive, dont la source toute celeste, qui a particulierement son centre dans le soleil, & dans la lune, produit ce clair, & precieux ruisseau des Sages, qui coule dans la mer des Philosophes, laquelle environne tout le monde ; ce n'est pas sans fondement, que cette divine fontaine est appellée par cet Autheur la femme de la pierre ; quelques-uns l'ont representée ſous la forme d'une Nymphe celeſte ; quelques autres lui donnent le nom de la chaſte Diane, dont la pureté, & la virginité n'eſt point ſoüillée par le lien ſpirituel qui l'unit à la pierre ; en un mot, cette conjonction magnetique eſt le mariage magique du Ciel avec la terre, dont quelques Philoſophes ont parlé : de ſorte que la ſource feconde de la teinture Phiſique, qui opere de ſi grandes merveilles, prend naiſſance de cette union conjugale toute miſterieuſe.

PYROPHILE.

Je reſſens avec une ſatisfaction indicible tout l'effet des lumieres, dont vous me faites part ; & puiſque nous ſommes ſur ce point, permettés-moy, je vous prie, de vous faire une queſtion, qui pour eſtre hors du texte de cet Autheur, ne laiſſe pas d'eſtre eſſentielle à ce ſujet. Je vous ſupplie de me dire, ſi le mariage magique du Ciel avec la terre, ſe peut faire en tout temps ; où s'il y a des ſaiſons dans l'année, qui ſoient plus convenables les unes que les autres, à celebrer ces Nopces Philoſophiques.

EUDOXE.

J'en ſuis venu trop avant, pour vous refuſer un éclairciſſement ſi neceſſaire,

& si raisonnable. Plusieurs Philosophes ont marqué la saison de l'année, qui est la plus propre à cette operation. Les uns n'en ont point fait de mistere ; les autres plus reservez ne se sont expliqués sur ce point, que par des paraboles. Les premiers ont nommé le mois de Mars, & le printemps. Zachaire & quelques autres Philosophes disent, qu'ils commencerent l'œuvre à Pâques, & qu'ils la finirent heureusement dans le cours de l'année. Les autres se contentent de representer le jardin des Hesperides émaillé de fleurs, & particulierement de violettes & de hyacinthes, qui sont les premieres productions du Printemps. Le Cosmopolite plus ingenieux que les autres, pour indiquer que la saison la plus propre au travail Philosophique, est celle dans laquelle tous les êtres vivans, sensitifs, & vegetables paroissent animés d'un feu nouveau, qui les porte reciproquement à l'amour, & à la multiplication de leur espece ; dit que *Venus est la Déesse de cette Isle charmante*, dans laquelle il vit à découvert tous les misteres de la nature : mais pour marquer plus precisément cette saison, il dit qu'on voyoit paistre dans la prairie *des beliers, & des taureaux*, avec *deux jeunes bergers*, exprimant clairement dans cette ſpirituelle allegorie, les trois mois du Printems,par les trois ſignes celeſtes qui leur répondent, *Aries, Taurus, & Gemini.*

PYROPHILE.

Je ſuis ravi de ces interpretations. Ceux qui ſont plus éclairés, que je ne ſuis dans ces miſteres,ne feront peut-être pas autant de cas que je fais,du denoüement de ces enigmes, dont le ſens toutesfois a eſté, juſques à preſent, impénétrable à pluſieurs de ceux, qui croyent d'ailleurs entendre fort bien les Philoſophes. Je ſuis perſuadé qu'on doit compter pour beaucoup, un pareil éclairciſſement, capable de faire voir clair dans d'autres obſcurités plus importantes; en effet peu de perſonnes s'imaginoient, que les violettes,& les hyacintes d'Eſpagnet & les beſtes à cornes du jardin des Heſperides; le ventre & la maiſon du belier du Coſmopolite, & de Philalethe; l'Iſle de la Deeſſe Venus, les deux paſteurs,& le reſte que vous venés de m'expliquer, ſignifiaſſent la faiſon du Printemps. Je ne ſuis pas le ſeul,qui dois vous rendre mille graces, d'avoir bien voulu developer ces miſteres;je ſuis aſſeuré qu'il se trouvera dans la suite des temps, un grand nombre d'enfans de la science, qui beniront vostre memoire, pour leur avoir ouvert les yeux sur un point, qui est plus essentiel à ce grand art, qu'ils ne se le seroient imaginés.

EUDOXE.

Vous avés raison en ce qu'on ne peut s'asseurer d'entendre les Philosophes, à moins qu'on n'ait une entiere intelligence des moindres choses qu'ils ont escrites. La connoissance de la saison propre à travailler au commencement de l'œuvre, n'est pas de petite consequence; en voicy la raison fondamentale. Comme le sage entreprend de faire par nostre art une chose, qui est au dessus des forces ordinaires de la nature, comme d'amolir une pierre, & de faire vegeter un germe metallique; il se trouve indispensablement obligé d'entrer par une profonde meditation dans le plus secret interieur de la nature, & de se prevaloir des moyens simples, mais efficaces qu'elle luy en fournit; or vous ne devés pas ignorer, que la nature dez le commencement du Printemps, pour se renouveller, & mettre toutes les semences, qui sont au sein de la terre, dans le mouvement qui est propre à la vegetation, impregne tout l'air qui environne la terre, d'un esprit mobile, & fermentatif, qui tire son origine du pere de la nature; c'est proprement un neitre subtil, qui fait la fecondité de la terre dont il est l'ame, & que le Cosmopolite appelle *le sel-petre des Philosophes*. C'est donc dans cette feconde saison, que le sage Artiste, pour faire germer sa semence metallique, la cultive, la rompt, l'humecte, l'arose de cette prolifique rosée, & luy en donne à boire autant que le poids de la nature le requiert; de cette sorte le germe Philosophique concentrant cet esprit dans son sein, en est animé & vivifié, & acquiert les proprietés, qui lui sont essentieles, pour devenir la pierre vegetable, & multiplicative. J'espere que vous serés satisfait de ce raisonnement, qui est fondé sur les loix, & sur les principes de la nature.

PYROPHILE.

Il est impossible qu'on puisse l'être plus que je le suis; vous me donnez des lumieres que les Philosophes ont caché sous un voile impenetrable, & vous me dites des choses importantes, que je pousserois volontiers mes questions plus

loin, pour profiter de la bonté que vous avés de ne me rien déguiſer ; mais pour ne pas en abuſer, je reviens à l'endroit de mon Autheur, où la pierre ſoûtient à l'or, & au Mercure, qu'il eſt impoſſible, qu'il ſe faſſe une veritable union entre leurs deux ſubſtances ; parce, (leur
dit-elle) *que vous n'eſtes pas un ſeul corps ;* 31
mais deux corps enſemble, & par conſequent vous eſtes contraires, à conſiderer les loix de la nature. Je ſçay bien que la penétration des ſubſtances, n'eſtant pas poſſible ſelon les loix de la nature, leur parfaite union ne l'eſt pas non plus, & qu'en ce ſens là, deux corps ſont contraires l'un à l'autre : cependant comme preſque tous les Philoſophes aſſeurent que le Mercure eſt la premiere matiere des metaux, & que ſelon Geber il n'eſt pas un corps, mais un eſprit qui penétre les corps, & particulierement celuy de l'or, pour lequel il a une ſympatie viſible ; n'eſt-il pas vray-ſemblable, que ces deux ſubſtances, ce corps & cet eſprit peuvent s'unir parfaitement, pour ne faire qu'une ſeule & même choſe d'une même nature ?

EUDOXE.

Remarqués qu'il y a deux erreurs

dans vostre raisonnement; la premiere, en ce que vous croyés que le Mercure commun est la premiere, & simple matiere, dont les metaux sont formés dans les mines; cela n'est pas ainsi. Le Mercure, est un metail, qui pour avoir moins de souffre, & moins d'impuretez terrestres que les autres metaux, demeure liquide, & coulant, s'unit avec les metaux, mais particulierement avec l'or, comme estant le plus pur de tous; & s'unit moins facilement avec les autres metaux à proportion qu'ils sont plus ou moins impurs dans leur composition naturelle. Vous devés donc sçavoir, qu'il y a une premiere matiere des mataux, dont le Mercure mesme est formé, c'est une eau visqueuse, & Mercuriele, qui est l'eau de nostre pierre. Voilà quel est le sentiment des veritables Philosophes.

Je serois trop long, si je voulois vous deduire icy tout ce qu'il y a à dire sur ce sujet. Je viens à la seconde erreur de vostre raisonnement, laquelle consiste en ce que vous vous imaginez, que le Mercure commun est un esprit metallique, qui selon Geber peut penétrer interieurement, & teindre les metaux, s'unir & demeurer avec eux, aprés qu'il aura esté artificieusement fixé. Mais vous devés considerer que le Mercure n'est appellé esprit par Geber, que parce qu'il s'envole du feu, à cause de la mobilité de sa substance homogéne : toutesfois cette proprieté ne l'empeche pas d'estre un corps metallique, lequel pour cette raison ne peut jamais s'unir si parfaitement avec un autre metail, qu'il ne s'en separe tousjours, lors qu'il se sent pressé par l'action du feu. L'experience montre l'evidence de ce raisonnement & par consequent la pierre a raison de soutenir à l'or, qu'il ne se peut jamais faire une parfaite union de luy avec le Mercure.

PYROPHILE.

Je comprends fort bien, que mon raisonnement estoit erroné, & pour vous dire le vray, je n'ay jamais pû m'imaginer, que le Mercure commun fust la premiere matiere des metaux, bien que plusieurs graves Philosophes posent cette verité, pour un des fondemens de l'art. Et je suis persuadé, qu'on ne peut trouver dans les mines, la vraye premiere matiere des metaux, separée des corps metalliques, elle n'est qu'une vapeur, une eau visqueuse, un esprit invisible, & je crois en un mot que la semence ne se trouve que dans le fruit. Je ne sçay si je parle juste ; mais je crois que c'est là le vray sens des éclaircissemens, que vous avez bien voulu me donner.

EUDOXE.

On ne peut avoir mieux compris, que vous avez fait ces verités connuës de peu de personnes. Il y a de la satisfaction à parler ouvertement avec vous, des misteres Philosophiques. Voyés quelles sont les demandes que vous avez encore à me faire.

PYROPHILE.

Je ne sçay si la pierre ne se contredit point elle-même, lors qu'elle se glorifie, 32 *d'avoir un corps imparfait avec une ame constante, & une teinture penetrante* ? ces deux grandes perfections me paroissent incompatibles dans un corps imparfait.

EUDOXE.

On diroit icy, que vous avés déja oublié une verité fondamentale, dont vous avés esté pleinement convaincu cy-devant; souvenez-vous donc que si le corps de la pierre n'estoit imparfait, d'une imperfection toutefois en laquelle la nature n'a pas fini son operation, on ne pourroit y chercher, & encore moins y trouver la perfection. Cela posé, il vous sera bien facile

facile de juger, que la constance de l'ame, & la perfection de la teinture ne sont pas actuellement, ni en état de se manifester dans la pierre, tant qu'elle demeure dans son estre imparfait; mais lors que par la continuation de l'œuvre, la substance de la pierre a passé de l'imperfection à la perfection, & de la perfection à la plus-que-perfection, la constance de son ame & l'efficace de la teinture de son esprit, se trouvent reduites de la puissance à l'acte; de sorte que l'ame, l'esprit, & le corps de la pierre également exaltez, composent un tout d'une nature, & d'une vertu incomprehensible.

PYROPHILE.

Puisque mes demandes vous donnent lieu de dire des choses si singulieres, ne trouvés pas mauvais, je vous prie, que je continuë. Je me suis toûjours persuadé que la pierre des Philosophes est une substance réelle, qui tombe sous les sens, cependant je vois que cet Autheur asseure le contraire, disant, *nostre pierre est* 33
invisible. Je vous asseure que quelque bonne opinion que j'aye de ce Philosophe, il me permettra de n'estre pas de son sentiment sur ce point.

EUDOXE.

J'espere toutesfois que vous en serés bien-tost. Ce Philosophe n'est pas le seul qui tient ce langage : la pluspart parlent de la mesme maniere qu'il fait ;& à vous dire le vray, nostre pierre est proprement invisible, aussi bien à l'égard de sa matiere, comme à l'égard de sa forme. A l'égard de sa matiere ; parce qu'encore que nostre pierre,ou bien nostre Mercure, (il n'y a point de difference) existe reéllement, il est vray neanmoins qu'elle ne paroist pas à nos yeux,à moins que l'artiste ne preste la main à la nature, pour l'aider à mettre au mõde cette production Philosophique ; c'est ce qui fait dire au Cosmopolite, que le sujet de nostre Philosophie a une existence réelle; *mais qu'il ne se fait point voir, si ce n'est, lors qu'il plait à l'artiste de le faire paroistre.*

La pierre n'est pas moins invisible à l'egard de sa forme ; j'appelle icy sa forme, le principe de ses admirables facultés, d'autant que ce principe,cette energie de la pierre,& cet esprit dans lequel reside l'efficace de sa teinture, est une pure essence astrale impalpable, laquelle ne se manifeste que par les effets surprenãts qu'elle produit. Les Pholosophes parlent souvent de leur pierre considerée en ce sens-là. Hermes l'entend ainsi, lors qu'il dit que *le vent la porte dans son ventre*; & le Cosmopolite ne s'esloigne point de ce Pere de la Philosophie, lors qu'il asseure que *nostre sujet est devant les yeux de tout le monde*; *que personne ne peut vivre sans lui*; *& que toutes les Creatures s'en servent*; *mais que peu de personnes l'aperçoivent*. He bien, n'estes vous pas du sentiment de vostre Autheur, & n'avoués vous pas que de quelque maniere que vous consideriez la pierre, il est vray de dire qu'elle est invisible ?

PYROPHILE.

Il faudroit que je n'eusse ny esprit, ny raison, pour ne pas tomber d'accord d'une verité, que vous me faites toucher au doigt, en me developant en mesme temps le sens le plus caché, & le plus misterieux des écritures Philosophiques. Je me trouve si éclaire par tout ce que vous me dites, qu'il me semble que les Autheurs les plus abstraits n'auront plus d'obscurité pour moy; je vous seray cependant fort obligé, si vous voulés bien me dire vostre sentiment, touchant la proposition que cet Autheur avance, *qu'il n'est pas possible*

querir la possession du Mercure Philosophique
34 *autrement, que par le moyen de deux corps, dont l'un ne peut recevoir la perfection sans l'autre.* Ce passage me paroist si positif, & si precis, que je ne doute pas, qu'il soit fondamental dans la pratique de l'œuvre.

EUDOXE.

Il n'y en a pas asseurement de plus fondamental, puisque ce Philosophe vous marque en cet endroit, comment se forme la pierre sur laquelle toute nostre Philosophie est fondée; en effet nostre Mercure, ou nostre pierre prend naissance de deux Corps : remarqués cependant que ce n'est pas le mélange de deux corps qui produit nostre Mercure, ou nostre pierre : car vous venés de voir que les corps sont contraires, & qu'il ne s'en peut faire une parfaite union : mais nôtre pierre naist au contraire de la destruction de deux corps, lesquels agissant l'un sur l'autre comme le mâle & la femelle, ou comme le corps & l'esprit, d'une maniere autant naturelle, qu'elle est incomprehensible à l'artiste, qui y prête le secours nécessaire, cessent entierement d'estre ce qu'ils estoient auparavant, pour mettre au jour une production d'une nature, & dune origine merveilleuse, & qui a toutes les dispositions nécessaires, pour estre portée par l'art, & par la nature, de perfection en perfection, jusques au souverain degré, qui est au-dessus de la nature même.

Remarqués aussi que de ces deux corps qui se détruisent, & se confondent l'un dans l'autre, pour la production d'une troisiéme substance, & dont l'un tient lieu de mâle, & l'autre de femelle, dans cette nouvelle generation, sont deux agens, qui se dépoüillans de leur plus grossiere substance dans cette action, changent de nature pour mettre au monde un fils d'une origine plus noble, & plus illustre, que le pere & la mere, qui lui donnent l'estre; aussi il apporte en naissant des marques visibles qui font voir évidemment, que le Ciel a presidé à sa naissance.

Remarqués de plus que nostre pierre renaist plusieurs diverses fois, mais que dans chacune de ses nouvelles naissances, elle tire toûjours son origine de deux choses. Vous venés de voir comment elle commence de naistre de deux corps: vous avez veu qu'elle épouse une Nimphe Celeste, aprés qu'elle a esté dépoüillée de sa forme terrestre, pour ne faire qu'une séule, & mesme chose avec elle, sçachés aussi qu'aprés que la pierre a paru de nouveau sous une forme terrestre, elle doit encore estre mariée à une épouse de son mesme sang; de sorte que ce sont tousjours deux choses qui en produisent une seule, d'une seule & mesme espece & com e c'est une verité constante, que dans tous les differents estats de la pierre, les deux choses qui s'unissent pour lui donner nouvelle naissance, viennent d'une seule, & mesme chose; c'est aussi sur ce fondement de la nature, que le Cosmopolite appuye une verité incontestable dans nostre Philosophie, sçavoir, que *d'un il s'en fait deux, & de deux un, à quoy se terminent toutes les operations naturelles & Philosophiques, sans pouvoir aller plus loin.*

PYROPHILE.

Vous me rendés si intelligibles, & si palpables ces sublimes véritez, toutes abstraites qu'elles sont, que je les conçois presque aussi évidemment, que si c'estoient des demonstrations Mathematiques. Permettés moy, s'il vous plait, de vous demãder encore quelques éclaircissemens, afin qu'il ne me reste plus

aucun doute touchant l'interpretation de cet Autheur. J'ay fort bien compris que la pierre née de deux subſtãces d'une meſme eſpece, eſt un tout homogéne, & un tiers-eſtre doüé de deux natures, qui le rendent ſeul ſuffiſant par luy meſme à la generation du fils du ſoleil: mais j'ay quelque peine à bien comprendre, comment ce Philoſophe entend, *que la ſeule choſe dont ſe fait la medecine uni-* 35
verſelle eſt l'eau, & l'eſprit du corps?

EUDOXE.

Vous trouveriez le ſens de ce paſſage évident de lui meſme, ſi vous vous ſouveniés, que la premiere & la plus importante operation de la pratique du premier œuvre, eſt de reduire en eau le corps, qui eſt noſtre pierre, & que ce point eſt le plus ſecret de nos miſteres. Je vous ai fait voir que cette eau doit être vivifiée, & fecondée par une ſemence aſtrale, & par un eſprit celeſtè, dans lequel reſide toute l'efficace de la teinture Phiſique: de ſorte que ſi vous y faites reflexion, vous avoüerés qu'il n'y a point de verité plus evidente dans noſtre Philoſophie, que celle que voſtre Autheur avance icy, ſçavoir que la ſeule choſe dont le ſage a beſoin, pour faire toutes choses, n'est autre que *l'eau & l'esprit du corps*. L'eau est le corps, & l'ame de nôtre sujet ; la semence astrale en est l'esprit ; c'est pourquoi les Philosophes asseurent que leur matiere a un corps, une ame, & un esprit.

PYROPHILE.

J'avoüe que je m'aveuglois moy-même, & que si j'y avois bien fait reflexion je n'aurois formé aucun doute sur cet endroit : mais en voici un autre, qui n'est point cependant un sujet de doute ; mais qui ne laisse pas pour cela, de me faire souhaiter que vous veüillés bien dire vostre sentiment sur ces paroles-cy : sçavoir, que la seule chose qui est le sujet de l'art, & qui n'a pas sa pareille dans
36 le monde, *est vile toutefois, & qu'on peut l'avoir à peu de frais.*

EUDOXE.

Cette chose si precieuse par les dons excellens, dont le Ciel l'a pourveüe, est veritablement vile, à l'égard des substances dont elle tire son origine. Leur prix n'est point au dessus des facultés des pauvres. Dix sols sont plus que suffisans pour acquerir la matiere de la pierre. Les instrumens toutefois, & les moyens qui sont nécessaires pour poursuivre les ope-

rations

rations de l'art, demandent quelque sorte de dépense ; ce qui fait dire à Geber que *l'œuvre n'est pas pour les pauvres.* La matiere est donc vile, à considerer le fondement de l'art, puis qu'elle coute fort peu ; elle n'est pas moins vile, si on considére exterieurement ce qui lui donne la perfection, puisque à cet égard, elle ne coute rien du tout ; d'autant que *tout le monde l'a en sa puissance*, dit le Cosmopolite ; de sorte que soit que vous distinguiés ces choses, soit que vous les confondiés (comme font les Philosophes, pour tromper les sots, & les ignorans) c'est une verité constante, que la pierre est une chose vile en un sens : mais qu'elle est tres-precieuse en un autre, & qu'il n'y a que les fols qui la méprisent, par un juste jugement de Dieu.

PYROPHILE.

Me voilà bien-tôt autant instruit que je puis le souhaiter; faites-moy seulement la grace de me dire, comment on peut connoistre, quelle est la veritable voye des Philosophes; puis qu'ils en décrivent plusieurs differentes, & qui paroissent souvent opposées. Leurs livres sont remplis d'une infinité de diverses operations; sçavoir de conjonctions, calcinations,

mixtions, ſeparations, ſublimations, diſtillations, coagulations, fixations, deſiccations, dont ils font ſur chacune des chapitres entiers; ce qui met les Artiſtes dans un tel embarras, qu'il leur eſt preſque impoſſible d'en ſortir heureuſement. Ce Philoſophe inſinuë, ce ſemble, que comme il n'y a qu'une choſe dans ce grand art, il n'y a auſſi qu'une voye; & pour toute raiſon, il dit, *que la ſolution*
37 *du corps ne ſe fait que dans ſon propre ſang.*
Je ne trouve rien dans tout cet écrit, où vos lumieres me ſoient plus neceſſaires, que ſur ce point, qui concerne la pratique de l'œuvre, ſur laquelle tous les Philoſophes font profeſſion de ſe taire: je vous conjure de ne pas me les refuſer.

EUDOXE.

Ce n'eſt pas ſans beaucoup de raiſon, que vous me faites une telle demande: elle regarde le point eſſentiel de l'œuvre; & je ſouhaiterois de tout mon cœur pouvoir y répondre auſſi diſtinctement que j'ay fait à pluſieurs de vos autres queſtions. Je vous proteſte que je vous ay dit par tout la verité; je veux en faire encore de même; mais vous ſçavés que les miſteres de noſtre ſacrée ſcience ne peuvent eſtre enſeignés, qu'avec des termes miſterieux : Je vous dirai neanmoins sans équivoque, que l'intention generale de nôtre art, est de purifier exactement, & de subtiliser une matiere d'elle-même immonde, & grossiere. Voilà une verité tres-importante, qui merite que vous y fassiez reflexion.

Remarqués que pour arriver à cette fin, plusieurs operations sont requises, qui ne tendant toutes qu'à un même but, ne sont dans le fond considérées par les Philosophes, que comme une seule & même operation, diversement continuée. Observés que le feu separe d'abord les parties heterogénes, & conjoint les parties homogénes de nostre pierre : que le feu secret produit ensuite le même effet ; mais plus efficacement en introduisant dans la matiere un esprit igné, qui ouvre interieurement la porte secrete, qui subtilise, & qui sublime les parties pures, les separant des parties terrestres & adustibles. La solution qui se fait ensuite par l'addition de la quintessence astrale, qui anime la pierre, en fait une troisiéme depuration, & la distillation l'acheve entierement, ainsi purifiant, & subtilisant la pierre par plusieurs differents degrés, auxquels les

Philosophes ont accoûtumé de donner les noms d'autant d'operations differentes & de conversion des élemens ; on l'éléve jusques à la perfection, qui est la disposition prochaine, pour la conduire à la plusque-perfection, par un regime proportionné à l'intention finale de l'art, c'est-à-dire jusques à la parfaite fixation. Vous voyés donc qu'à proprement parler, il n'y a qu'une voye, comme il n'y a qu'une intention dans le premier œuvre, & que les Philosophes n'en décrivent plusieurs, que parce qu'ils considerent les differents degrés de depurations, comme autant d'operations & de voyes differentes, dans le dessein (ainsi que le remarque fort bien vostre Autheur) de cacher ce grand art.

Pour ce qui est des paroles, par lesquelles vostre Autheur conclut, sçavoir, que la solution du corps ne se fait que dans son propre sang ; je dois vous faire observer que dans nostre art, il se fait en trois temps differents, trois solutions essentielles, dans lesquelles le corps ne se dissout que dans son propre sang, c'est au commencement, au milieu, & à la fin de l'œuvre ; remarquez bien cecy. Je vous ay déja fait voir que dans les principales operations de l'art, ce sont toûjous deux choses, qui en produisent une, que de ces deux choses l'une tient lieu de mâle, & l'autre de femelle ; l'un est le corps, l'autre est l'esprit : vous devés en faire icy l'application. Sçavoir, que dans les trois solutions dont je vous parle, le mâle & la femelle, le corps & l'esprit, ne sont autre chose que le corps & le sang, & que ces deux choses sont d'une même nature, & d'une même espece ; de sorte que la solution du corps dans son propre sang, c'est la solution du mâle par la femelle, & celle du corps par son esprit. Voici l'ordre de ces trois solutions importantes.

En vain vous tenteriés par le feu la veritable solution du mâle en la premiere operation, elle ne vous reüssiroit jamais, sans la conjonction de la femelle ; c'est dans leurs embrassemens reciproques qu'ils se confondent, & se changent l'un l'autre, pour produire un tout-homogéne, different des deux. En vain vous auriés ouvert, & sublimé le corps de la pierre, elle vous seroit entierement inutile, si vous ne luy faisiez épouser la femme que la nature luy a destinée ; elle est cet esprit, dont le corps a tiré sa premiere origine ; aussi il s'y dissout, comme fait la glâce à la chaleur du feu, ainsi que vostre Autheur l'a fort bien remarqué. Enfin vous essayeriés en vain de faire la parfaite solution du même corps, si vous ne reïteriés sur luy l'effusion de son propre sang, qui est son menstruë naturel, sa femme, & son esprit tout ensemble, avec lequel il s'unit intimement, qu'ils ne font plus qu'une seule & même substance.

PYROPHILE.

Aprés tout ce que vous venés de me réveler, je n'ay plus rien à vous demander touchant l'interpretation de cet Autheur. Je comprends fort bien tous les autres avantages, qu'il attribuë à la pierre, au-dessus de l'or & du Mercure. Je conçois aussi comment l'excez du dépit de ces deux Champions, les porta à joindre leurs forces, pour vaincre la pierre par les armes, n'ayant pû la surmonter par la raison : mais comment entendés-vous que *la pierre les dissipa, & les engloutit*
38 *l'un & l'autre, en sorte qu'il n'en resta aucuns vestiges* ?

EUDOXE.

Ignorés-vous que le grand Hermes dit, que la pierre est *la force forte de toute force? car elle vaincra toute chose subtile, & penetrera toute chose solide.* C'est ce que vôtre Philosophe dit icy en d'autres termes, pour vous apprendre que la puissance de la pierre est si grande, que rien n'est capable de luy resister. Elle surmonte en effet tous les metaux imparfaits, les transmuant en metaux parfaits, de telle maniere, qu'il ne reste aucuns vestiges de ce qu'ils étoient auparavant.

PYROPHILE.

Je comprends fort bien ces raisons; mais il me reste nonobstant cela un doute, touchant les metaux parfaits; l'or par exemple est un metail constant & parfait, que la pierre ne sçauroit engloutir.

EUDOXE.

Vostre doute est sans fondement: car tout de même que la pierre, à proprement parler, n'engloutit pas les metaux imparfaits, mais qu'elle les change tellement de nature, qu'il ne reste rien, qui fasse connoistre ce qu'ils estoient auparavant; ainsi la pierre ne pouvant engloutir l'or ni le transmuer en un metail plus parfait, elle le transmuë en medecine mille fois plus parfaite que l'or, puisqu'il peut alors transmuer mille fois autant de metail imparfait ſelon le degré de perfection, que la pierre a receuë du Magiſtere.

PYROPHILE.

Je reconnois le peu de fondement qu'il y avoit dans mon doute : mais à vous dire le vray, il y a tant de ſubtilité dans les moindres paroles des Philoſophes, que vous ne devés pas trouver eſtrange, que je me ſois ſouvent arrêté ſur des choſes, qui devoient me paroiſtre aſſés intelligibles d'elles-mêmes. Je n'ay plus que deux demandes à vous faire, au ſujet des deux conſeils que mon Autheur donne aux enfans de la ſcience, touchant la maniere de proceder, & la fin qu'ils doivent ſe propoſer dans la recherche de la medecine univerſelle. Il leur conſeille en premier lieu, d'éguiſer la pointe de leur eſprit ; de lire les écrits des Sages avec prudence ; de travailler avec exactitude ; d'agir ſans précipitation dans un œuvre ſi precieux :
39 parce, dit-il, *qu'il a ſon temps ordonné par la nature ; de même que les fruits qui ſont ſur les arbres, & les grapes de raiſins que la vigne porte.* Je conçois fort bien l'utilité de ces conſeils ; mais je vous prie de vouloir m'expliquer, comment ſe doit entendre cette limitation du temps.

EUDOXE.

Vostre Autheur vous l'explique suffisamment par la comparaison des fruits, que la nature produit dans le temps ordonné ; cette comparaison est juste : la pierre est un champ que le Sage cultive, dans lequel l'art, & la nature ont mis la semence, qui doit produire son fruit. Et comme les quatre saisons de l'année sont necessaires à la parfaite production des fruits, la pierre de même a ses saisons determinées. Son hyver, pendant lequel le froid, & l'humide dominent dans cette terre preparée, & ensemencée ; son printems, auquel la semence Philosophique estant échaufée, donne des marques de vegetation, & d'acroissement ; son esté pendant lequel son fruit meurit, & devient propre à la multiplication ; son automne, auquel ce fruit parfaitement meur console le Sage, qui a le bonheur de le cueüillir.

Pour ne vous rien laisser à desirer sur ce sujet, je dois vous faire remarquer icy trois choses. La premiere, que le Sage doit imiter la nature dans la pratique de l'œuvre ; & comme cette sçavante ouvriere ne peut rien produire de parfait, si on en violente le mouvement, de même l'artiste doit laisser agir interieurement les principes de sa matiere, en luy administrant exterieurement une chaleur proportionnée à son exigence. La seconde que la connoissance dés quatre saisons de l'œuvre doit estre la regle, que le Sage doit suivre dans les differents regimes du feu, en le proportionnant à chacune, selon que la nature le demontre, laquelle a besoin de moins de chaleur pour faire fleurir les arbres, & former les fruits, que pour les faire parfaitement meurir. La troisiéme, que bien que l'œuvre ait ses quatres saisons, ainsi que la nature, il ne s'ensuit pas, que les saisons de l'art & de la nature doivent precisément repondre, les unes aux autres, l'esté de l'œuvre pouvant arriver sans inconvenient dans l'automne de la nature, & son automne dans l'hyver. C'est assés que le regime du feu soit proportionné à la saison de l'œuvre; c'est en cela seul, que consiste le grand secret du Regime, pour lequel je ne puis vous donner de regle plus certaine.

Pyrophile.

Par ce raisonnement, & par cette similitude, vous me faites voir clair sur un point, dont les Philosophes ont fait un de leurs plus grands misteres; car l'intelligence des regimes ne se peut tirer de leurs escrits ; mais je vois avec une extreme satisfaction, qu'en imitant la nature, & commençant l'ordre des saisons de l'œuvre par l'hyver, il ne doit pas estre difficile au sage, de juger comment par les divers degrés de chaleur, qui repondent à ces saisons, il peut aider la nature, & conduire à une parfaite maturité les fruits de cette plante Philosophique.

Mon Autheur conseille en second lieu aux Enfans de la science d'avoir la droiture dans le cœur, & de se proposer dans ce travail une fin honnête, leur declarant positivement, que s'ils ne sont dans ces bonnes dispositions, ils ne doivent pas attendre sur leur œuvre la benediction du Ciel, de laquelle tout le bon succez depend. Il asseure que *Dieu ne communique un si grand don, qu'à ceux qui en veulent faire un bon usage, & qu'il en prive ceux qui ont dessein de s'en servir, pour commettre le mal.* Il semble que ce ne soit là qu'une maniere de parler qui est ordinaire aux Philosophes ; je vous prie de me dire quelles reflexions on doit faire sur ce dernier point.

EUDOXE.

Vous estes assés éclairé dans nôtre Philosophie, pour comprendre, que la possession de la medecine universelle, & du grand Elixir, est de tous les biens de ce monde le plus réel, le plus estimable, & le plus grand, dont l'homme puisse joüir. En effet les richesses immenses, les dignités souveraines, & toutes les grandeurs de la terre, ne sont point à comparer à ce precieux tresor, qui est le seul des biens temporels capable de remplir le cœur de l'homme. Il donne à celuy qui le possede une vie longue, exempte de toutes sortes d'infirmités, & met en sa puissance plus d'or & d'argent, que n'en ont tous les plus puissans Monarques ensemble. Ce tresor a de plus cet avantage particulier, au dessus de tous les autres biens de la vie, que celui qui en joüit, se trouve parfaitement satisfait, même de sa seule contemplation, & qu'il ne peut jamais être troublé de la crainte de le perdre.

Vous estes d'ailleurs pleinement convaincu, que Dieu gouverne le monde; que sa divine Providence y fait regner l'ordre, que sa sagesse infinie y a establi, depuis le commencement des siecles; &

que cette mesme Providence n'est point cette fatalité aveugle des anciens, ny ce pretendu enchainement, ou cet ordre necessaire des choses, qui doit les faire suivre sans aucune distinction; mais vous étes au contraire bien persuadé que la sagesse de Dieu preside à tous les evenemens qui arrivent dans le monde.

Sur le double fondement, que ces deux reflexions establissent, vous ne pouvés douter, que Dieu qui dispose souverainemẽt de tous les biens de la terre, ne permet jamais, que ceux qui s'appliquent à la recherche de ce precieux tresor, dans le dessein d'en faire un mauvais usage, puissent par leur travail parvenir à sa possession: en effet quels maux ne seroit pas capable de causer dans le monde un esprit pervers, qui n'auroit d'autre veuë, que de satisfaire son ambition, & d'assouvir ses convoitises, s'il avoit en son pouvoir, & entre ses mains, ce moyẽ asseuré d'executer ses plus criminelles entreprises; c'est pourquoy les Philosophes, qui connoissent parfaitement les maux & les desordres, qui pourroient arriver dans la societé civile, si la connoissanće de ce grand secret étoit revelée aux impies, n'en traittẽt qu'avec crainte,

& n'en parlent que par enigmes ; afin qu'il ne soit compris que de ceux, dont Dieu veut benir l'estude, & le travail.

PYROPHILE.

Il ne se trouvera personne de bon sens, & craignant Dieu, qui n'entre dans ces sentimens, & qui ne doive estre entierement persuadé, que pour reüssir dans une si grande, & si importante entreprise, il ne faille supplier incessamment la bonté Divine, d'éclairer nos esprits, & de donner sa benediction à nos travaux. Il ne me reste plus qu'à vous rendre de tres-humbles graces, de ce que vous avés bien voulu me traitter en Enfant de la science, me parler sincerement, & m'instruire dans de si grands misteres, aussi clairement, & aussi intelligiblement, qu'il est permis de le faire, & que je pouvois le souhaiter. Je vous proteste que ma reconnoissance durera tout autant que ma vie.

FIN.

LETTRE

Aux vrais Diſciples d'Hermes,

Contenant

SIX PRINCIPALES CLEFS

de la Philoſophie Secrete.

LETTRE

Aux vrais Disciples d'Hermes, contenant six principales Clefs de la Philosophie Secrete.

SI j'escrivois cette lettre pour persuader la verité de nôtre Philosophie à ceux, qui s'imaginent qu'elle n'est qu'une vaine idée, & un pur Paradoxe, je suivrois l'exemple de plusieurs maîtres en ce grand art; je tâcherois de convaincre de leurs erreurs ces sortes d'esprits, en leur demontrant la solidité des principes de nostre science, appuyés sur les loix, & sur les operations de la nature, & je ne parlerois que legerement de ce qui regarde sa pratique; mais comme j'ay un dessein tout different, & que je n'escris que pour vous seuls, sages Disciples d'Hermes, & vrays Enfans de l'art, mon unique but est de vous servir de guide dans une route si difficile à suivre. Nostre pratique en effet est un chemin dans des sables, où l'on doit se conduire par l'estoile du Nord, plutost que par les vestiges qu'on y voit imprimés. La

M

confusion des traces, qu'un nombre presqu'infini de personnes y ont laissées, est si grande, & on y trouve tant de differents sentiers, qui menent presque tous dans des deserts affreux, qu'il est presque impossible de ne pas s'égarer de la veritable voye, que les seuls sages favorisés du Ciel, ont heureusement sçeu deméler, & reconnoistre.

Cette confusion arréte tout court les enfans de l'art, les uns dez le commencement, les autres dans le milieu de cette course Philosophique, & quelques uns mesme lors qu'ils aprochent de sa fin de ce penible voyage, & qu'ils commencent à decouvrir le terme heureux de leur entreprise; mais qui ne s'apperçoivent pas, que le peu de chemin, qui leur reste à faire, est le plus difficile. Ils ignorent que les envieux de leur bonheur ont creusé des fosses, & des precipices au milieu de la voye, & que faute de sçavoir les détours secrets, par où les sages evitent ces dangereux pieges, ils perdent malheureusement tout l'avantage qu'ils avoient acquis, dans le mesme temps, qu'ils s'imaginoient d'avoir surmonté toutes les difficultez.

Je vous avouë sincerement, que la

pratique de nostre art est la plus difficile chose du monde, non par raport à ses operations, mais à l'égard des difficultés qu'il y a, de l'apprendre distinctement dans les livres des Philosophes: car si d'un côté elle est appellée avec raison, un jeu d'enfans; de l'autre elle requiert en ceux, qui en cherchent la verité par leur travail & leur estude, une connoissance profonde des Principes, & des operations de la nature dans les trois genres; mais particulierement dans le genre mineral & metallique. C'est un grand point de trouver la veritable matiere, qui est le sujet de nostre œuvre; il faut percer pour cela mille voiles obscurs, dont elle a esté envelopée; il faut la distinguer par son propre nom, entre un million de noms extraordinaires, dont les Philosophes l'ont diversement exprimée; il en faut comprendre toutes les proprietés, & juger de tous les degrés de perfection, que l'art est capable de lui donner; il faut connoître le feu secret des sages qui est le seul agent qui peut ouvrir, sublimer, purifier, & disposer la matiere à estre reduite en eau; il faut penetrer pour cela jusques à la source divine de l'eau celeste, qui opere la solution, l'animation, & purification de la pierre ; il faut sçavoir convertir nostre eau metallique en huile incombustible par l'entiere solution du corps, d'où elle tire son origine, & pour cet effet il faut faire la conversion des elements, la separation, & la reunion des trois principes ; il faut apprendre comment on doit en faire un Mercure blanc, & un Mercure citrin ; il faut fixer ce Mercure, le nourrir de son propre sang, afin qu'il se convertisse en soufre fixe des Philosophes. Voilà quels sont les points fondamentaux de nôtre art ; le reste de l'œuvre se trouve assés clairement enseigné dans les livres des Philosophes, pour n'avoir pas besoin d'une plus ample explication.

Comme il y a trois regnes dans la nature, il y a aussi trois medecines en nôtre art, qui font trois œuvres differents dans la pratique, & qui ne sont toutes-fois que trois differens degrés qui élevent nôtre elixir à sa derniere perfection. Ces importantes operations des trois œuvres, sont reservées sous la Clef du secret par tous les Philosophes, afin que les sacrés misteres de nôtre divine Philosophie ne soient pas revelés aux prophanes ; mais pour vous, qui estes les enfans de la science, & qui pouvés entendre le langage des Sages, les serrures vous seront ouvertes, & vous aurés les Clefs des precieux tresors de la nature, & de l'art, si vous appliqués tout vôtre esprit à comprendre ce que j'ay fait dessein de vous dire, en termes autant intelligibles, qu'il est necessaire, pour ceux qui sont predestinés comme vous estes, à la connoissance de ces sublimes misteres. Je veux vous mettre en main six Clefs avec lesquelles vous pourrés entrer dans le sanctuaire de la Philosophie, en ouvrir tous les reduits, & parvenir à l'intelligence des verités les plus cachées.

PREMIERE CLEF.

La premiere Clef est celle qui ouvre les prisons obscures, dás lesquelles le soufre est renfermé; c'est elle qui sçait extraire la semence du corps, & qui forme la pierre des Philosophes par la conjonction du mâle, avec la femelle; de l'esprit avec le corps; du soufre avec le Mercure. Hermes a manifestement demontré l'operation de cette premiere Clef par ces paroles. *De cavernis metallorum occultus est, qui lapis est venerabilis, colore splendidus, mens sublimis, & mare patens*; cette pierre a un brillant esclat, elle contient un esprit d'une origine ſublime, elle eſt la mer des Sages, dans laquelle ils pêchẽt leur miſterieux poiſſon. Le même Philoſophe marque encore plus particulierement la naiſſance de cette admirable pierre, lors qu'il dit : *Rex ab igne veniet, ac conjugio gaudebit, & occulta patebunt.* C'eſt un Roi couronné de gloire, qui prend naiſſance dans le feu, qui ſe plait à l'union de l'épouſe qui lui eſt donnée, c'eſt cette union qui rend manifeſte ce qui étoit auparavant caché.

Mais avant que de paſſer outre, j'ay un conſeil à vous donner, qui ne vous ſera pas d'un petit avantage ; c'eſt de faire reflexion que les operations de chacun des trois œuvres, ayant beaucoup d'analogie, & de raport les uns aux autres, les Philoſophes en parlent à deſſein en termes équivoques, afin que ceux qui n'ont pas des yeux de linx, prenent le change, & ſe perdent dans ce labirinthe, duquel il eſt bien difficile de ſortir. En effet lors qu'on s'imagine qu'ils parlent d'un œuvre, ils traittent ſouvent d'un autre : prenés donc garde de ne pas vous y laiſſer tromper : car c'eſt une verité, que dans chaque œuvre le ſage Artiſte doit diſſoudre le corps avec l'eſprit, il doit couper la teste du corbeau, blanchir le noir & rougir le blanc; c'est toutes-fois proprement dans la premiere operation, que le Sage Artiste coupe la teste au noir dragon, & au corbeau. Hermes dit, que c'est delà que nôtre art prend son commencement, *quod ex corvo nascitur; hujus artis est principium.* Considerés que c'est par la separation de la fumée noire, sale, & puante du noir tres-noir, que se forme nostre pierre astrale, blanche, & resplendissante, qui contient dans ses veines le sang du pelican; c'est à cette premiere purification de la pierre, & à cette blancheur luisante, que se termine la premiere Clef du premier oeuvre.

SECONDE CLEF.

La seconde Clef dissout le composé ou la pierre, & commence la separation des Elemens, d'une maniere Philosophique; cette separation des Elemens ne se fait qu'en eslevant les parties subtiles & pures, au dessus des parties crasses & terrestres. Celui qui sçait sublimer la pierre Philosophiquement, merite à juste titre le nom de Philosophe, puisqu'il connoit le feu des Sages, qui est l'unique instrument, qui puisse operer cette sublimation. Aucun Philosophe n'a jamais ouvertement revelé ce feu secret, & ce puissant agent, qui opere toutes les merveilles de l'art; celuy qui ne le comprendra pas, & qui ne sçaura pas le distinguer aux carecteres, avec lesquels j'ay tâché de le dépeindre dans l'entretien d'Eudoxe & de Pyrophile, * doit s'arrêter icy, & prier Dieu qu'il l'éclaire : car la connoissance de ce grand secret est plûtôt un don du Ciel, qu'une lumiere acquise par la force du raisonnement; qu'il lise cependant les escrits des Philosophes, qu'il medite, & sur tout qu'il prie; il n'y a point de difficulté, qui ne soit éclaircie par le travail, la meditation, & la priere.

Sans la sublimation de la pierre, la conversion des Elemens, & l'extraction des principes, est impossible; & cette conversion, qui fait l'eau de la terre, l'air de l'eau, & le feu de l'air, est la seule voye par laquelle nôtre Mercure peut estre fait, & preparé. Appliqués vous donc à connoistre ce feu secret, qui dissout la pierre naturellement, & sans violence, & la fait resoudre en eau dans la grande mer des Sages, par la distillation qui se fait des rayons du soleil & de la

Iusie,

* pag. 41. 42. 43. chyf 4. 5.

lune. C'est de cette maniere que la pierre, qui selon Hermes, est la vigne des Sages, devient leur vin, qui produit par les operations de l'art leur eau de vie rectifiée, & leur vinaigre tres-aigre. Ce pere de nostre Philosophie s'écrie sur ce mistere. *Benedicta aquina forma, quæ Elementa dissolvis !* Les elemens de la pierre ne peuvent estre dissouts, que par cette eau toute divine, & il ne peut s'en faire une parfaite dissolution, qu'aprés une digestion & putrefaction proportionnée, à laquelle se termine la seconde Clef du premier œuvre.

TROISEME CLEF.

La troisiéme Clef comprend elle seule une plus longe suite d'operations, que toutes les autres ensemble : les Philosophes en ont fort peu parlé, bien que la perfection de nostre Mercure en depende; les plus sinceres même, comme Artephius, le Trevisan, Flamel, ont passé sous silence les preparations de nostre Mercure, & il ne s'en trouve presque pas un, qui n'ait supposé, au lieu d'enseigner, la plus longue, & la plus importante des operations de nostre pratique. Dans le dessein de vous préter la main en cette partie du chemin, que vous avés à faire, où faute de lumiere, il est impossible de suivre la veritable voye, je m'estendray plus que les Philosophes n'ont fait, sur cette troisiéme Clef, ou du moins je suivray par ordre ce qu'ils ont dit sur ce sujet, si confusement, que sans une inspiration du Ciel, ou sans le secours d'un fidele amy, on demeure indubitablement dans ce Dedale, sans pouvoir en trouver une issuë heureuse. Je m'asseure, que vous, qui estes les veritables enfans de la science, vous recevrez une tres-grande satisfaction, de l'éclaircissement de ces misteres cachez, qui regardent la separation & la purificatiõ des principes de nostre Mercure, qui se fait par une parfaite dissolution, & glorification du corps dont il prend naissance, & par l'uniõ intime de l'ame avec son corps dont l'esprit est l'unique lien, qui opere cette conjonction; c'est là l'intention, & le point essentiel des operations de cette clef, qui se termine à la generation d'une nouvelle substance infiniment plus noble, que la premiere.

Aprés que le sage Artiste a fait sortir de la pierre une source d'eau vive, qu'il a exprimé le suc de la vigne des Philosophes, & qu'il a fait leur vin, il doit remarquer que dans cette substance homogéne, qui paroit sous la forme de l'eau, il y a trois substances differentes, & trois principes naturels de tous les corps, sel, souffre, & Mercure, qui sont l'esprit, l'ame, & le corps; & bien qu'ils paroissent purs & parfaitement unis ensemble, il s'en faut beaucoup qu'ils le soient encore; car lorsque par la distillation nous tirons l'eau, qui est l'ame & l'esprit, le corps demeure au fond du vaisseau, comme une terre morte, noire, & feculente, laquelle neanmoins, n'est pas à mépriser; car dans nostre sujet, il n'y a rien qui ne soit bon. Le Philosophe Jean Pontanus proteste que les superfluités de la pierre se convertissent en une veritable essence, que celuy qui pretend separer quelque chose de nostre sujet, ne connoist rien dans la Philosophie, & que tout ce qu'il y a de superflu, d'immonde, de feculent, & enfin toute la substance du composé, se perfectionne par l'action de nostre feu. Cet avis ouvre les yeux à ceux, qui pour faire une exacte purification des elemens & des principes, se persuadent qu'il ne faut prendre que le subtil, & rejetter l'épois; mais les enfans de la science ne doivent pas ignorer que le feu,

& le soufre sont cachez dans le centre de la terre, & qu'il faut la laver exactement avec son esprit, pour en extraire le beaume, le sel fixe, qui est le sang de nostre pierre; voilà le mistere essentiel de cette operation, laquelle ne s'accomplit qu'aprés une digestion convenable, & un lente distillation. Suivés donc, enfans de l'art, le precepte que vous donne le veridique Hermes, qui dit en cet endroit, *oportet autem nos cum hâc aquinâ animâ, ut formam sulphuream possideamus, aceto nostro eam miscere; cùm enim compositum solvitur, clavis est restaurationis.* Vous sçavés que rien n'est plus contraire que le feu, & l'eau; il faut neanmoins que le sage Artiste fasse la paix entre des ennemis, qui dans le fond s'aiment ardemment. Le Cosmopolite en a dit le moyen en peu de paroles : *Purgatis ergo rebus, fac ut ignis & aqua amici fiant; quod in terrâ suâ, qua cum iis ascenderat, facile facient.* Soyés donc attentifs sur ce point, abreuvés souvent la terre de son eau, & vous obtiendrés, ce que vous cherchés. Ne faut-il pas que le corps soit dissout par l'eau, & que la terre soit penetrée de son humidité, pour estre renduë propre à la generation? selon les Philosophes l'esprit est Eve; le corps est Adam; ils doivent estre conjoints pour la propagation de leur espece. Hermes dit, la même chose en d'autres termes : *Aqua namque fortissima est natura, quæ transcendit, & fixam in corpore naturam excitat; hoc est lætificat.* En effet ces deux substances, qui sont d'une même nature, mais de deux sexes differents, s'embrassent avec le même amour, & la même satisfaction que le mâle & la femelle, & s'elevent insensiblement ensemble, ne laissant qu'un peu de feces au fond du vaisseau; de sorte que l'ame, l'esprit, & le corps, aprés une exacte depuration, paroissent enfin inseparablement unis sous une forme plus noble, & plus parfaite, qu'elle n'étoit auparavant, & aussi differente de la premiere forme liquide, que l'Alkool de vin exactement rectifié, & acué de son sel, est different de la substance du vin, dont il a esté tiré; cette comparaison n'est pas seulement trés-juste, mais elle donne de plus aux enfans de la science une connoissance precise des operations de cette troisiéme Clef.

Nostre eau est une source vive, qui sort de la pierre, par un miracle naturel de nostre Philosophie. *Omnium primò est aqua, quæ exit de hoc lapide.* C'eſt Hermes qui a prononcé cette grande verité. Il reconnoiſt de plus, que cette eau eſt le fondement de noſtre art. Les Philoſophes luy donnent pluſieurs noms ; car tantoſt ils l'appellent vin, tantoſt eau de vie, tantoſt vinaigre, tantoſt huile, ſelon les differents degrés de preparation, ou ſelon les divers effets, qu'elle eſt capable de produire. Je vous advertis neanmoins qu'elle eſt proprement le vinaigre des ſages, & que dans la diſtillation de cette divine liqueur, il arrive la même choſe que dans celle du vinaigre commun ; vous pouvés tirer de cecy une grande inſtruction ; l'eau & le flegme montent le premier; la ſubſtance huileuſe, dans laquelle conſiſte l'efficace de noſtre eau ; vient la derniere. C'eſt cette ſubſtance moyenne entre la terre, & l'eau, qui dans la generation de l'enfant Philoſophique, fait la fonction de mâle; Hermes nous la fait bien remarquer par ces paroles intelligibles ; *unguentum mediocre, quod eſt ignis, eſt medium inter fœcem, & aquam.* Il ne ſe contente pas de donner ces lumieres à ſes diſciples, il leur enſeigne de plus dans ſa table d'émeraudes, de quelle maniere ils doivent ſe conduire dans cette operation. *Separabis terram ab igne; subtile ab spisso suaviter, magno cum ingenio.* Prenés garde sur tout de ne pas estouffer le feu de la terre par les eaux du deluge. Cette separation, ou plustost cette extraction se doit faire avec beaucoup de jugement.

Il est donc necessaire de dissoudre entierement le corps, pour en extraire toute son humidité, qui contient ce souffre precieux, ce beaume de nature, & cet onguent merveilleux, sans lequel vous ne devés pas esperer de voir jamais dans vôtre vaisseau cette noirceur si desirée de tous les Philosophes. Reduisés donc tout le composé en eau, & faites une parfaite union du volatil avec le fixe; c'est un precepte de Senior, qui merite que vous y fassiez attention. *Supremus fumus*, dit-il, *ad infimum reduci debet, & divina aqua Rex est de cælo descendens, Reductor animæ ad suum corpus est, quod demùm à morte vivificat.* Le beaume de vie est caché dans ces feces immondes; vous devés les laver avec l'eau celeste, jusques à ce que vous en ayés osté la noirceur, & pour lors vostre eau sera animée de cette essence ignée, qui opere toutes les merveilles de nostre art. Je ne puis vous donner là-dessus de meilleurs conseils, que ceux du grand Trismegiste. *Oportet ergo vos ab aqua fumum super-existentem, ab unguento nigredinem, & à fœce mortem depellere*; mais le seul moyen de reussir dans cette operation, vous est enseigné par le même Philosophe, qui adjoûte immediatement aprés; *& hoc dissolutione, quo peracto, maximam habemus Philosophiam, & omnium secretorum secretum.*

Mais afin que vous ne vous trompiés pas au terme de *composé*, je vous diray que les Philosophes ont deux sortes de cõposés. Le premier est le cõposé de la nature; c'est celuy dont j'ay parlé dans la premiere Clef : car c'est la nature qui le fait d'une maniere incomprehensible à l'artiste, qui ne fait que préter la main à la nature, par l'administration des choses externes, moyennant quoy elle enfante, & produit cet admirable composé. Le second est le composé de l'art; c'est le sage qui le fait par l'union intime du fixe avec le volatil parfaitement conjoints, avec toute la prudẽce qui se peut acquerir par les lumieres d'une profonde Philosophie; le composé de l'art n'est pas tout à fait le même dans le second, que dans le troisiéme œuvre, c'est neanmoins

moins toûjours l'artiste qui le fait. Geber le definit un mélange d'argent vif & de souffre, c'est à dire du volatil & du fixe, qui agissant l'un sur l'autre, se volatilisent, & se fixent reciproquement jusques à une parfaite fixité. Considerés l'exemple de la nature, vous verrés que la terre ne produiroit jamais de fruit, si elle n'estoit penetrée de son humidité, & que l'humidité demeureroit toûjours sterile; si elle n'estoit retenüe, & fixée par la siccité de la terre.

Vous devés donc estre certains, qu'on ne peut avoir aucun bon succez en nostre art, si dans le premier œuvre, vous ne purifiez le serpent né du limon de la terre, si vous ne blanchissez ces feces feculêtes & noires, pour en separer le soufre blanc, le sel armoniac des sages, qui est leur chaste Diane qui se lave dans le bain. Tout ce mistere n'est que l'extraction du sel fixe de nostre composé dans lequel consiste toute l'energie de nostre Mercure. L'eau, qui s'eleve par *distillation*, emporte avec elle une partie de ce sel ignée; de sorte que l'affusion de l'eau sur le corps reiterée plusieurs fois, impregne, engraisse, & feconde nostre Mercure, & le rend propre à estre fixé; ce qui est le terme du second œuvre: On ne sçauroit mieux exposer cette verité, qu'Hermes a fait par ces paroles : *Cum viderem quòd aqua sensim crassior, duriorque fieri inciperet, gaudebam; certò enim sciebam, ut invenirem quod quarebam.*

Quand vous n'auriez qu'une fort mediocre connoissance de nostre art, ce que je viens de vous dire seroit plus que suffisant, pour vous faire comprendre que toutes les operations de cette Clef, qui met fin au premier œuvre, ne sont autres que digerer, distiller, cohober, dissoudre, separer, & conjoindre, le tout avec douceur, & patience : de cette sorte vous n'aurés pas seulement une entiere extractiõ du suc de la vigne des sages; mais encore vous possederez leur veritable eau-de-vie; & je vous advertis que plus vous la rectifierés, & plus vous la travaillerez, plus elle acquerra de penetration, & de vertu; les Philosophes ne lui ont donné le nom d'eau-de-vie, que parce qu'elle donne la vie aux metaux; elle est proprement appellée la grande lunaire, à cause de la splendeur, dont elle brille; ils la nomment aussi la substance sulphurée, le beaume, la gomme, l'humidité visqueuse, & le vinaigre trés-aigre des Philosophes, &c.

Ce n'est pas sans raison que les Philosophes dõnent à cette liqueur Mercurielle, le nom d'eau pontique, & de vinaigre tres-aigre : sa ponticité exuberante est le vray caractere de sa vertu ; il arrive de plus, comme je l'ay déja dit, dans sa distillation, la même chose qui arrive en celle du vinaigre, le flegme & l'eau montent les premiers, les parties soufreuses & salines s'elevent les derniers ; separés le flegme de l'eau, unissés l'eau & le feu ensemble, le Mercure avec le souffre, & vous verrez enfin le noir trés-noir, vous blanchirés le corbeau, & rougirés le cigne.

Puis que je ne parle qu'à vous; vrays Disciples de Hermes, je veux vous revéler un secret, que vous ne trouverés point entierement dans les livres des Philosopes. Les uns se sont contentés de dire, que de leur liqueur on en fait deux Mercures, l'un blanc, & l'autre rouge. Flamel a dit plus particulierement, qu'il faut se servir du Mercure citrin, pour faire les imbibitions au rouge ; il advertit les enfans de l'art de ne pas se tromper sur ce point; il asseure aussi qu'il s'y seroit trompé lui mesme, si Abraam Juif ne l'en avoit adverti. D'autres Philosophes ont enseigné, que le Mercure blanç est le bain de la lune, & que le Mercure rouge est le bain du soleil: mais il n'y en a point qui ayent voulu montrer distinctement aux enfans de la science, par quelle voye ils peuvent obtenir ces deux Mercures : si vous m'avés bien compris, vous estes desja éclairés sur ce point. La lunaire est le Mercure blanc, le vinaigre trés-aigre est le Mercure rouge; mais pour mieux determiner ces deux Mercures, nourrisses les d'une chair de leur espece, le sang des innocens égorgés, c'est à dire, les esprits des corps, sont le bain, où le soleil & la lune se vont baigner.

Je vous ay developé un grand mistere, si vous y faites bien reflexion: les Philosophes qui en ont parlé, ont passé trés-legerement sur ce point important: le Cosmopolite l'a touché fort spirituellement par une ingenieuse allegorie, en parlant de la purification, & de l'animation du Mercure: *hoc fiet*, dit-il, *si seni nostro aurum & argentum deglutire dabis, ut ipse consumat illa, & tandem ille etiam moriturus comburatur.* Il acheve de décrire tout le magistere en ces termes: *Cineres ejus spargantur in aquam, coquito eam donec satis est, & habes medicinam curandi lepram.* Vous ne devés pas ignorer, que nostre vieillard est nostre Mercure; que ce nom lui convient, parce qu'il est la matiere premiere de tous les metaux; le même Philosophe dit, qu'il est leur eau, à laquelle il donne le nom d'acier, & d'aimant, & il adjoute pour une plus grande confirmation de ce que je viens de vous découvrir: *Si undecies coit aurum cum eo, emittit suum semen, & debilitatur ferè ad mortem usque; concipit chalybs, & generat filium patre clariorem.* Voilà donc un grand mistere, que je vous revele sans aucun enigme; c'est là le secret des deux Mercures, qui contiennent les deux teintures. Conservés les separement & ne confondés pas leurs especes, de peur qu'ils ne procréent une lignée monstreuse.

Je ne vous parle pas seulement plus intelligiblement qu'aucun Philosophe n'a fait, mais aussi je vous revéle tout ce qu'il y a de plus essentiel dans la pratique de nostre art: si vous meditez là dessus, si vous vous appliqués à le bien comprédre; mais sur tout, si vous travaillés sur les lumieres que je vous donne, je ne doute nullement que vous n'obteniés ce que vous cherchés; & si vous ne parvenés à ces cōnoiſſances,par la voye que je vous marque, je ſuis bien aſſeuré que difficilement vous arriverez à vôtre but, par la ſeule lecture des Philoſophes. Ne deſeſperés donc de rien; cherchés la ſource de la liqueur des ſages,qui contient tout ce qui eſt neceſſaire à l'œuvre; elle eſt cachée ſous la pierre; frapés deſſus avec la verge du feu magique, & il en ſortira une claire fontaine; faites enſuite comme je vous ay montré; preparés le bain du Roy avec le ſang des Innocens, & vous aurés le Mercure des ſages animé, qui ne perd jamais ſes vertus, ſi vous le gardés dans un vaiſſeau bien bouché. Hermes dit qu'il y a tant de ſympathie entre les corps purifiés, & les eſprits, qu'ils ne ſe quittent jamais, lors qu'ils ont eſté unis enſemble; par ce que cette union eſt ſemblable à celle de l'ame avec le corps glorifié, aprés laquelle la foy nous aprend qu'il n'y aura plus de ſeparation, ny de mort. *Quia ſpiritus, ablutis corporibus deſiderant ineſſe, habitis autem ipſis, eos vivificant, & in iis habitant.* Vous voyés par là le merite de cette precieuſe liqueur, à laquelle les Philoſophes ont donné plus de mille differents noms; elle eſt l'eau de vie des ſages, l'eau de Diane, la grande lunaire, l'eau d'argent vif; elle est nôtre Mercure, nôtre huile incombustible, qui au froid se congele comme de la glace, & se liquifie à la chaleur comme du beurre; Hermes l'appelle la terre feüillée, ou la terre des feuilles; non sans beaucoup de raison; car si vous l'observés bien, vous remarquerez qu'elle est toute feüilletée; en un mot elle est la fontaine tres-claire, dont le Comte Trevisan fait mention; enfin elle est le grand Alkaest, qui dissout radicalement les metaux; elle est la veritable eau permanente, qui aprés les avoir dissouts, s'unit inseparablement à eux,& en augmente le poids & la teinture.

QUATRIEME CLEF.

La quatriéme Clef de l'art, est l'entrée du second œuvre; c'est elle qui reduit nôtre eau en terre; il n'y a que cette seule eau au monde,qui par une simple cuisson puisse estre convertie en terre; parce que le Mercure des sages porte dans son cêtre son propre souffre,qui le coagule. La terrification de l'esptit est la seule operation de cet œuvre; cuisés donc avec patience; si vous avés bien procedé, vous ne serés pas long temps sans voir les marques de cette coagulation, & si elles ne paroissent dans leur temps, elles ne paroîtront jamais; parce que c'est un signe indubitable, que vous avés manqué en quelque chose d'essentiel, dans les premieres operations; car pour corporifier l'esprit, qui est nostre Mercure, il faut avoir bien dissout le corps, dans lequel le souffre, qui coagule le Mercure, est renfermé. Hermes asseure que nostre eau Mercurielle aura acquis toutes les vertus, que les Philosophes lui attribuent, lors qu'elle sera changée en terre. *Vis ejus integra est, si in terram conversa fuerit.* Terre admirable par sa fecondité; terre de promission des sages, lesquels sachant faire tomber la rosée du ciel sur elle, luy font produire des fruits d'un prix inestimable. Le Cosmopolite exprime trés-bien les avantages de cette benite terre. *Qui scit aquam congelare calido, & spiritum cum eâ jungere, certè rem inveniet millesies pretiosiorem auro, & omni re.* Rien n'approche du merite de cette terre, & de cet esprit parfaitement alliés ensemble, selon les regles de nostre art; ils sont le vray Mercure, & le vray soufre des Philosophes, le male vivant, & la femelle vivante qui contiennent la semence, qui peut seule

pro

procréer un fils plus illustre, que ses parens. Cultivés donc soigneusement cette precieuse terre: arrousés la souvent de son humidité, deseichés la autant de fois, & vous n'augmenterés pas moins ses vertus, que son poids, & sa fecondité.

CINQUIEME CLEF.

La cinquiéme Clef de nostre œuvre est la fermentation de la pierre avec le corps parfait, pour en faire la medecine du troisiéme ordre. Je ne diray rien en particulier de l'operation du troisiéme œuvre; sinon, que le corps parfait est un levain necessaire à nostre paste: que l'esprit doit faire l'union de la paste avec le levain, de même que l'eau detrempe la farine, & dissout le levain, pour composer une paste fermentée, propre à faire du pain. Cette comparaison est fort juste, c'est Hermes qui l'a faite le premier. *Sicut enim pasta sine fermento fermentari non potest; sic cùm corpus sublimaveris, mundaveris, & turpitudinem à fœce separaveris, cùm conjungere volueris, pone in eis fermentum, & aquam terram confice, ut pasta fiat fermentum.* Au sujet de la fermentation, le Philosophe repete ici tout l'œuvre, & montre que tout de même que la Masse de la paste, devient toute levain, par l'action du ferment, qui lui a esté adjouté; ainsi toute la confection Philosophique devient par cette operation un levain propre à fermenter une nouvelle matiere, & à la multiplier jusques à l'infini.

Si vous observés bien de quelle maniere se fait le pain, vous trouverez les proportions, que vous devés garder, entre les matieres qui composent vostre pâte Philosophique. Les boulangers ne mettent-ils pas plus de farine, que de levain, & plus d'eau que de levain, & de farine? les loix de la nature sont les regles que vous devés suivre dans la pratique de tout nostre Magistere. Je vous ay donné sur tous les points principaux toutes les instructions qui vous sont necessaires; de sorte qu'il seroit superflu de vous en dire davantage, particulierement touchant les dernieres operations, à l'égard desquelles les Philosophes ont esté beaucoup moins reservez, que sur les premieres, qui sont les fondemens de l'art.

SIXIEME CLEF.

La sixiéme Clef enseigne la multiplication de la pierre, pour la reiteration de la même operation, qui ne consiste qu'à ouvrir & fermer; dissoudre & coaguler;

imbiber & desseicher; par où les vertus de la pierre s'augmentent à l'infini. Comme mon dessein n'a pas esté de décrire entierement la pratique des trois medecines, mais seulement de vous instruire des operations les plus importantes, touchant la preparation du Mercure, que les Philosophes passent ordinairement sous silence, pour cacher aux profanes des misteres, qui ne sont que pour les sages; je ne m'arreteray pas davantage sur ce point, & je ne vous diray rien non plus de ce qui regarde la projection de la medecine, parce que le succez que vous attendés ne depend pas delà; je ne vous ay donné des instructions tres-amples que sur la troisiéme Clef, à cause qu'elle comprend une longue suite d'operations, lesquelles, quoy que simples & naturelles, ne laissent pas de requerir une grãde intelligence des loix de la nature, & des qualités de nostre matiere, aussi bien qu'une parfaite connoissance de la chimie, & des differents degrés de chaleur, qui conviennent à ces operations.

Je vous ay conduit par la droite voye, sans aucun detour; & si vous avés bien remarqué la route que je vous ay tracée, je m'asseure que vous irés droit au but, sans vous égarer. Sçachez moy bon gré du dessein, que j'ay eu de vous épargner mille travaux, & mille peines, que j'ay essuyé moy-même dans ce penible voyage, faute d'un secours pareil à celuy que je vous donne dans cette lettre, qui part d'un cœur sincere, & d'une tendre affection pour tous les veritables enfans de la science. Je vous plaindrois beaucoup si, comme moy, aprés avoir connu la veritable matiere, vous passiés quinze années entierement dans le travail, dans l'estude, & dans la meditation, sans pouvoir extraire de la pierre, le suc precieux, qu'elle renferme dans son sein, faute de connoistre le feu secret des sages, qui fait couler de cette plante seiche & aride en apparence, une eau qui ne moüille pas les mains, & qui par l'union magique de l'eau seiche de la mer de sages, se resout en une eau visqueuse, en une liqueur mercurielle, qui est le principe, le fondement, & la clef de nostre art : convertissés, separés, & purifiés les elemens, comme je vous l'ay enseigné, & vous possederés le veritable Mercure des Philosophes, qui vous donnera le souffre fixe, & la medecine universelle.

Mais je vous advertis, qu'aprés que vous serez parvenus à la connoissance du feu secret des sages, vous ne serez pas toutes fois encore au bout de la premiere carriere. J'ay erré plusieurs années dans le chemin qui reste à faire, pour arriver à la fontaine misterieuse, où le Roy se baigne, se rajeunit, & reprend une nouvelle vie exempte de toutes sortes d'infirmités; il faut que vous sachiés outre cela purifier, échaufer, & animer ce bain Royal: c'est pour vous preter la main dans cette voye secrete, que je me suis estendu sur la troisiéme Clef, où toutes ces operations sont deduites. Je souhaite de tout mon cœur, que les instructions que je vous ay données, vous fassent aller droit au but. Mais souvenés vous enfans de la science, que la connoissance de nostre Magistere vient plûtost de l'inspiration du Ciel, que des lumieres que nous pouvons acquerir par nous mémes. Cette verité est reconnuë de tous les Philosophes: c'est pourquoy ce n'est pas assés de travailler; priés assiduement; lisés les bon livres; & meditės nuit & jour, sur les operations de la nature, & sur ce qu'elle peut estre capable de faire, lorsqu'elle est aidée par le secours de noſtre art, & par ce moyen vous reüſſirés ſans doute dans voſtre entrepriſe.

C'eſt là tout ce que j'avois à vous dire, dans cette lettre ; je n'ay pas voulu vous faire un diſcours fort eſtendu, tel que la matiere paroit le demander; mais auſſi je ne vous ay rien dit que d'eſſentiel à noſtre art ; de ſorte que ſi vous connoiſſez noſtre pierre, qui eſt la ſeule matiere de noſtre pierre, & ſi vous avez l'intelligence de noſtre feu, qui eſt ſecret & naturel tout enſemble, vous avez les clefs de l'art, & vous pouvés calciner noſtre pierre, non par la calcination ordinaire, qui ſe fait par la violence du feu ; mais par une calcination Philoſophique, qui eſt purement naturelle.

Remarquez encore cecy avec les plus éclairés Philoſophes, qu'il y a cette difference, entre la calcination ordinaire, qui ſe fait à force de feu, & la calcination naturelle ; que la premiere détruit le corps,& conſume la plus grande partie de ſon humidité radicale ; mais la ſeconde ne conſerve pas ſeulement l'humidité du corps,en le calcinant ; mais encore elle l'augmente conſiderablement.

L'experience vous fera connoiſtre dans la pratique cette grande verité;car vous trouverez en effet, que cette calcination Philoſophique, qui ſublime, & diſtile la pierre en la calcinant, en augmente de beaucoup l'humidité : la raiſon eſt, que l'eſprit igné du feu naturel ſe corporifie dans les ſubſtances qui lui ſont analogues. Noſtre pierre eſt un feu aſtral, qui ſympatiſe avec le feu naturel, & qui comme une veritable ſalamandre prend naiſſance, ſe nourrit, & croit dans le feu Elementaire, qui lui eſt geometriquement proportionné.

Le Nom de l'Autheur eſt en Latin dans cette Anagramme:

DIVES SICUT ARDENS S***

de SAINT DIDIER

FIN.

www.ingramcontent.com/pod-product-compliance
Lightning Source LLC
LaVergne TN
LVHW020019170826
845678LV00001B/47

9782019134631